Königs Erläuterungen und Materialien
Band 209/209a

Erläuterungen zu

Franz Kafka

Amerika
Der Prozeß
Das Schloß

von Martin Pfeifer

C. Bange Verlag - Hollfeld/Obfr.

Herausgegeben von Klaus Bahners, Gerd Eversberg
und Reiner Poppe

3. erweiterte Auflage 1987
ISBN 3-8044-0257-7
© 1981 by C. Bange Verlag, 8607 Hollfeld
Alle Rechte vorbehalten!
Druck: Beyer-Druck, Eiergasse 13, 8607 Hollfeld

Richtiges Auffassen einer Sache
und Mißverstehen der gleichen Sache
schließen einander nicht vollständig aus.

Kafka, Der Prozeß

Inhalt

EINLEITUNG

Drei Romane sind es, die Max Brod aus dem Nachlaß Franz Kafkas herausgegeben hat: „Der Prozeß", „Das Schloß" und „Amerika". Als diese Werke 1925, 26 und 27 erschienen, war der Name dieses Dichters nur einem kleinen Kreis von Eingeweihten bekannt. So ist auch diesen ersten Buchveröffentlichungen kein auffälliger Erfolg beschieden gewesen. In einem Heft der Zeitschrift „Die Weltbühne" aus dem Jahre 1928 klingt noch die Frage nach einem Verleger an, der bereit ist, sich des literarischen Nachlasses Franz Kafkas anzunehmen und ihn der Öffentlichkeit zugänglich zu machen. Es fand sich ein Verlag, der Schocken-Verlag; er wagte es 1935, eine Gesamtausgabe der Dichtungen Kafkas herauszubringen. Aber in Deutschland war bereits Hitler an der Macht, und Kafka war Jude! Der Mut des Zionisten Salman Schocken, Kafkas Werk zu verlegen, konnte im Deutschland der dreißiger Jahre deshalb nur einen Erfolg von kurzer Dauer schaffen. 1938 wurde von Goebbels' Propagandaministerium das Eigentum des Schocken-Verlags konfisziert.

So ist es verständlich, daß das Werk Kafkas, von dem Verlag Schocken Books Inc., New York, betreut, zunächst im Ausland eine weitaus größere Wirkung als in Deutschland hatte.

Thomas Mann sagte von Kafka: „Er war ein Träumer, und seine Dichtungen sind oft ganz und gar im Charakter des Traumes konzipiert und gestaltet; sie ahmen die alogische und beklommene Narretei der Träume, dieser wunderlichen Schattenspiele des Lebens, zum Lachen genau nach. Aber sie sind erfüllt von einer vernünftigen, wenn auch ironisch-, ja satirisch-vernünftigen, verzweifelt-vernünftigen, nach bester Kraft auf das Gute, Rechte und Gottgewollte gerichteten Sittlichkeit." So wie Thomas Mann huldigten André Gide, Martin Buber, Hermann Hesse, Heinrich Mann und Franz Werfel dem Werke Kafkas. Und seit den fünfziger Jahren schwillt die Zahl der Huldigungen und Auseinandersetzungen mit dem Werke Kafkas, die Zahl der Interpretationen seiner Dichtungen, aber auch der exakten wissenschaftlichen Untersuchungen seines Schaffens in nahezu unübersehbarer Fülle an.

Diese Deutungen waren zunächst in der Hauptsache theologischer oder philosophischer Art. Gänzlich entgegengesetzte Meinungen wurden mit Überzeugung vertreten. Man sah in Kafka sogar einen Propheten oder einen hellsichtigen Deuter moderner Wirklichkeit. Natürlich hat es immer schon Leser gegeben, die ein Kunstwerk nicht bloß als moralische, philosophische oder theologische Äußerung ansahen. In bezug auf die Kafka-Interpretation ist eine deutliche Zäsur zu erkennen, von der an Kafka als Dichter im Vordergrund steht. Am Beginn dieses neuen Abschnitts etwa ist eine Äußerung Hermann Hesses über „Kafka-Deutungen" (1956) zu finden, die man, weil sie so zutreffend ist, am liebsten vollständig zitieren möchte: „Kafkas Erzählungen sind nicht Abhandlungen über religiöse, metaphysische oder moralische Probleme, sondern Dichtungen. Wer fähig ist, einen Dichter wirklich zu lesen, nämlich ohne Fragen, ohne intellektuelle oder moralische Resultate zu erwarten, in einfacher Bereitschaft, das aufzunehmen, was der Dichter gibt, dem geben diese Werke in ihrer Sprache jegliche Antwort, die er sich nur wünschen kann. Kafka hat uns weder als Theologe noch als Philosoph etwas zu sagen, sondern einzig als Dichter. Daß seine großartigen Dichtungen heute Mode geworden sind, daß sie von Menschen gelesen werden, die nicht begabt und nicht gewillt sind, Dichtungen aufzunehmen, daran ist er unschuldig. Es gibt uns die Träume und Visionen seines einsamen, schweren Lebens, Gleichnisse für seine Erlebnisse, seine Nöte und Beglückungen, und diese Träume und Visionen einzig sind es, die wir bei ihm zu suchen und von ihm anzunehmen haben . . ." (Hermann Hesse, Gesammelte Schriften. 7. Bd. Frankfurt a.M.: Suhrkamp 1975, S. 469 ff.)

Am 4. April 1961 kam der größte Teil des schriftlichen Nachlasses Franz Kafaks an die Bodleian Library in Oxford.

Der vorliegende Band enthält zunächst eine Kurzbiographie, die eine Einordnung der Werke in das Leben und Gesamtschaffen des Dichters erleichtert. Zu jedem der drei Romane wird dann jeweils eine kurze Darstellung der Entstehung und Verbreitung gegeben. Ihr folgen eine Inhaltsangabe und die Erklärung von Einzelbegriffen. Die Darstellung der Hauptprobleme oder Materialien dazu sollen zur eigenen Urteilsbildung des Lesers und zu differenzierter Betrachtung der Werke führen; das Literaturverzeichnis mag zu weitergehenden Studien anregen.

KURZBIOGRAPHIE

Am 3. Juli

1883 wurde Franz Kafka als Sohn eines Kaufmanns in Prag geboren. Er entstammt einer alten jüdischen Familie. Von

1889 bis 1893 besuchte er die Volksschule am Fleischmarkt, von

1893 bis 1901 das Altstädter deutsche Staatsgymnasium in Prag. Von

1901 bis 1906 studierte er in Prag.

1902 begann seine Freundschaft mit Max Brod. In den Jahren

1904 und 1905 entstand die „Beschreibung eines Kampfes". Im April

1906 begann er seine Arbeit als Konzipient im Büro des Advokaten Dr. Richard Löwy. Im Juni dieses Jahres promovierte er zum Dr. jur. 1906 und 1907 entstanden die „Hochzeitsvorbereitungen auf dem Lande". Vom 1. Oktober 1906 bis zum 1. Oktober

1907 arbeitete Kafka in Prag beim Strafgericht und beim Zivilgericht, seit Oktober 1907 bei der Assicurazioni Generali in Prag. In den Jahren

1908 bis 1917 war Kafka Beamter der Arbeiter-Unfallversicherungsanstalt in Prag.

1909 erschienen seine ersten Veröffentlichungen: zwei Stücke aus der „Beschreibung eines Kampfes". Von 1909 bis 1914 unternahm er verschiedene Reisen nach Italien, Frankreich und Deutschland. In den Jahren

1912 bis 1914 entstand der Roman „Der Verschollene" (= „Amerika"). 1912 schrieb er auch „Das Urteil" und „Die Verwandlung". Begegnung mit Felice Bauer.

1913 erschienen Prosaskizzen unter dem Titel „Betrachtung", „Das Urteil" und „Der Heizer", eine Erzählung, die später das erste Kapitel des Romans „Amerika" bildet.

1914 entstand „In der Strafkolonie". Er begann mit der Arbeit am Roman „Der Prozeß".
Ende Mai 1914 verlobte er sich mit Felice Bauer in Berlin; im Juli erfolgte die Entlobung.

1915 erhielt Kafka den Fontanepreis. Es erschien die Erzählung „Die Verwandlung" in der Buchreihe „Der Jüngste Tag".

Im Juli
1917 verlobte er sich ein zweites Mal mit Felice Bauer; im Dezember entlobte er sich erneut. Am 4. September 1917 wurde bei ihm Tuberkulose festgestellt; er mußte den Beruf aufgeben.
1918 machte er die Bekanntschaft mit Julie Wohryzek. Es entstand (bis 1919) „Beim Bau der chinesischen Mauer".
1919 verlobte er sich mit Julie Wohryzek. Es erschienen „Ein Landarzt" und „In der Strafkolonie".
1920 Begegnung mit Milena Jesenská. In den Jahren
1921 und 1922 entstand der Roman „Das Schloß".
1922 wurde er wegen fortschreitender Krankheit pensioniert. Er lebte dann in dem Dorf Zürau bei Saaz und
1923 mit Dora Dymant in Berlin-Steglitz. In den Jahren 1923/24 entstanden „Der Bau", „Josefine, die Sängerin, oder das Volk der Mäuse" und „Ein Hungerkünstler". Am 3. Juni
1924 starb er im Sanatorium Kierling bei Wien. Am 11. Juni wurde er auf dem jüdischen Friedhof in Prag-Straschnitz beigesetzt. Aus dem Nachlaß gab Max Brod
1925 den Roman „Der Prozeß",
1926 den Roman „Das Schloß" und
1927 den Roman „Amerika" heraus.

AMERIKA

ENTSTEHUNG UND VERBREITUNG

In einer Tagebucheintragung vom 19. Januar 1911 erinnert sich Kafka, daß er „als kleines Kind" einen Roman zu schreiben begonnen hatte, „in dem zwei Brüder gegeneinander kämpften, von denen einer nach Amerika fuhr, während der andere in einem europäischen Gefängnis blieb". Ein Onkel Kafkas hatte damals das Geschriebene für wertlos erklärt. Wenn das Thema Amerika Kafka auch schon seit seiner Kindheit beschäftigt hat, gibt es dennoch einige aktuelle Anlässe für die Wiederaufnahme jenes — nun allerdings veränderten — Kindheitsmusters.

1911 liest Kafka den Roman „David Copperfield" von Charles Dickens; etliches daraus verwendet er für seinen Roman. 1917 erinnert er sich in seinem Tagebuch an seine damalige Absicht, „einen Dickens-Roman zu schreiben, nur bereichert um die schärferen Lichter, die ich der Zeit entnommen, und die mattern, die ich aus mir selbst aufgesteckt hätte". Beeinflußt haben ihn ebenfalls Knut Hasums Erzählung „Benoni" (1908), Gustave Flauberts Roman „Madame Bovari" (1857) und Max Brods Roman „Jüdinnen" (1911). Einen weiteren wesentlichen Einfluß verdankt Kafkas „Amerika"-Roman der Amerika-Reportage Arthur Holitschers, die 1911 und 12 in der „Neuen Rundschau" erscheint, auf die Kafka abonniert ist, und die dann 1912 auch als Buch „Amerika heute und morgen. Reiseerlebnisse" herauskommt. Kafka erwirbt eine 1913 erschienene spätere Auflage davon. Weitere Informationen entnimmt Kafka dem Erfahrungsbericht „Amerika. Řada abrazů amerického života" („Amerika. Eine Reihe von Bildern aus dem amerikanischen Leben") von František Soukup, der 1912 erscheint.

Am 11. Dezember 1911 sieht Kafka Moses Richters Stück „Der Schneider als Gemeinderat", dessen 4. Akt in Amerika spielt. Für einen Rezitationsabend des mit ihm befreundeten Schauspielers Jizchak Löwy wählt Kafka u. a. ein Amerika-Gedicht von Morris Rosenfeld (jiddischer Dichter, 1862-1923) aus, dessen Thematik seinen „Amerika"-Roman berührt.

Im Winter 1911 beginnt Kafka die erste Niederschrift zum „Verschollenen", wie er den Roman im Gespräch bezeichnet, ein heute verlorenes Manuskript von 200 Seiten. Die Arbeit an diesem Manuskript zieht sich bis in die erste Hälfte des Jahres 1912 hin.

Im April/Mai 1912 glaubt Kafka diese Arbeit mißlungen. Seit dem 25. September 1912 arbeitet er an einer zweiten Fassung. „Und nicht nur deshalb werde ich Ihnen von jetzt ab nur kurze Briefe schreiben (dafür sonntags allerdings immer einen mit Wollust ungeheueren Brief) sondern auch deshalb, weil ich mich bis zum letzten Atemzug für meinen Roman aufbrauchen will, der ja auch Ihnen gehört oder besser eine klare Vorstellung von dem Guten in mir Ihnen geben soll als es die bloß hinweisenden Worte der längsten Briefe des längsten Lebens könnten", heißt es in einem Brief Kafkas an Felice Bauer vom 11. November 1912; und er fährt fort: „Die Geschichte, die ich schreibe, und die allerdings ins Endlose angelegt ist, heißt, um Ihnen einen vorläufigen Begriff zu geben ‚Der Verschollene' und handelt ausschließlich in den Vereinigten Staaten von Nordamerika. Vorläufig sind 5 Kapitel fertig, das 6te fast. Die einzelnen Kapitel heißen: I Der Heizer II Der Onkel III Ein Landhaus bei New York IV Der Marsch nach Ramses V Im Hotel Occidental VI Der Fall Robinson. — Ich habe diese Titel genannt, als ob man sich etwas dabei vorstellen könnte, das geht natürlich nicht, aber ich will die Titel solange bei Ihnen aufheben, bis es möglich sein wird. Es ist die erste größere Arbeit, in der ich mich nach 15jähriger, bis auf Augenblicke trostloser Plage seit 1 1/2 Monaten geborgen fühle. Die muß also fertig werden, das meinen Sie wohl auch und so will ich unter Ihrem Segen die kleine Zeit, die ich nur zu ungenauen, schrecklich lückenhaften, unvorsichtigen, gefährlichen Briefen an Sie verwenden könnte, zu jener Arbeit hinüberleiten, wo sich alles, wenigstens bis jetzt, von wo es auch gekommen ist, beruhigt und den richtigen Weg genommen hat. Sind Sie damit einverstanden?

Die Arbeit am „Verschollenen" geht im Dezember 1912 und im Januar 1913 weiter, bis sie am 24. Januar einen vorläufigen Abschluß findet.

Das „Fragment I", das unmittelbar an „Ein Asyl" anschließt, ist noch im Januar 1913 entstanden; „Fragment II" und das Kapitel

„Das Naturtheater von Oklahoma" entstehen im Oktober 1914. Schließlich scheint sich Kafka im Juli 1916 noch einmal kurz mit dem Roman befaßt zu haben.
Der Roman, dessen Manuskript keinen Titel trägt, wurde von Max Brod in Anlehnung an Kafkas mündlichen Sprachgebrauch „Amerika" genannt.

Teildruck
Der Heizer. Ein Fragment. Leipzig: Kurt Wolff 1913. (Der jüngste Tag, Band 3.)

Erstausgabe
Amerika. Roman. München: Kurt Wolff 1927.

Taschenbuchausgabe
Amerika. Roman. 373.-382. Tsd. Frankfurt a. M.: Fischer Taschenbuch Verlag 1980. (Fischer Taschenbücher, 132.)

Max Brod hat den „Amerika"-Stoff dramatisiert; sein Stück wurde am 28. Februar 1957 in Zürich uraufgeführt.

Der Heizer

Arm mit dem Schwert: Die Freiheitsgöttin hält in ihrer rechten Hand eine Fackel empor, kein Schwert.

Sessel: österreichisch für: einfacher Stuhl.

bis das Schiff ganz entleert ist: im Sinne von: wenn das Schiff ganz entleert ist.

Karyatide: langgewandete Mädchenfigur, die an Stelle einer Säule oder eines Pfeilers das Gebälk eines Bauwerkes trägt.

die dortigen Gesetze: „Offenbar wußte der Jurist Kafka selber auch nicht Bescheid. Denn nach dem ‚Allgemein bürgerlichen Gesetzbuch für das Kaisertum Österreich' (Wien 1913: Österreichische Gesetzeskunde I) hatte ein uneheliches Kind keine Alimentationsansprüche gegen die väterlichen oder mütterlichen Großeltern. In einem Zusatz zu dem fraglichen § 171 wurde ihm aber doch ein Unterhaltsanspruch gegen die mütterlichen Großeltern zugesprochen. Karls Vater hätte also in keinem Fall bezahlen müssen." (Hartmut Binder, Kafka-Kommentar zu den Romanen, Rezensionen, Aphorismen und zum Brief an den Vater. München: Winkler 1976, S. 96.)

die unerwartete Ansprache: Üblich war die Anrede „junger Herr".

Der Onkel

zu Hause auf dem Christmarkt: Zur Weihnachtszeit gab es in Prag einen sogenannten Nicolo-Markt. Zwischen dem Altstädter Rathaus und der Teinkirche und auch unmittelbar vor dem elterlichen Geschäft im Kinsky-Palais standen Bretterbuden, in denen Nikolasse, Krampusse, rote Teufel, Schlüssel usw. baumelten. (P. Wiegler, Das Haus an der Moldau, Wedel (1948), S. 50)" (Zit. nach H. Binder, Kafka-Kommentar zu den Romanen, Rezensionen, Aphorismen und zum Brief an den Vater. A.a.O. S. 101.)

Mack: Diese Figur ist vorgebildet in der Gestalt des Steerforth im „David Copperfield" von Charles Dickens; vermutlich hat Kafka auch die Gestalt des Mack in Knut Hamsuns 1909 erschienenen Roman „Benoni" gekannt.

Reitschule: Kafka war selber ein guter Reiter.

an der Hand eines dort bekannten Mitschülers: Kafkas bester Freund, Max Brod, war zur Zeit der Niederschrift des Romans in der Prager Postdirektion angestellt.

Ein Landhaus in New York

im Osten: Kafka, dem vorzügliche Geographiekenntnisse bescheinigt werden, irrt hier in der Himmelsrichtung.

Weg nach Ramses

Fauteuil: Armstuhl, Lehnsessel.

Antiderapants: Vorrichtung zur Vergrößerung der Bodenhaftung der Pneus; möglicherweise meint Kafka hier die Reifen.

fast rohes Fleisch: Kafka war Vegetarier; ein Beefsteak mußte ihm nahezu ungenießbar erscheinen.

eine schwarze Flüssigkeit: Verschiedene Kafka-Interpreten vermuten, es könne sich um Coca Cola handeln; andere nehmen an, es sei eine Mischung von Absinth (ein aus Wermut hergestellter Trinkbranntwein), Rum und anderen Flüssigkeiten.

mit einem Professor: In Österreich hießen Gymnasiallehrer auch Professor.

Photographie: Das Bild war Karl in dem Zimmer des kleinen Wirtshauses aus den Händen gefallen. Weder er noch die Zimmerfrau haben später das Bild wieder in den Koffer gepackt.

Hotel Occidental

in der Goldenen Gans: „Das in ganz Böhmen renommierte Hotel wurde keineswegs abgebrochen, aber im Jahr 1910 von Matěj Blecha im Spätjugendstil umgebaut. Nach einer Prager Lokalsage lebte einst in diesem Hause eine reiche Gastwirtin, deren einzige Tochter sehr schön, aber dumm war, so daß man sie die goldene Gans nannte. (‚Kronika královské Prahy a obcí sousedních' (Chronik des königlichen Prag und der anliegenden Gemeinden), III. Teil, Praha 1904, S. 1096)" (Zit. nach H. Binder, Kafka-Kommentar zu den Romanen, Rezensionen, Aphorismen und zum Brief an den Vater. A.a.O. S. 122 f.)

einen Monat: Versehen Kafkas, entspricht nicht den vorher gemachten Zeitangaben; zurückzuführen auf Kafkas Absicht, den sozialen Abstieg Roßmanns auch an den kleiner werdenden Zeitabschnitten zu verdeutlichen.

Renells Lift war nicht der ihre: Karl und Renell bedienen nur die oberen Stockwerke.

Der Fall Robinson

nach Ihnen ausgeschickt: W. Jahn (Kafkas Roman „Der Verschollene". Stuttgart 1965) beschreibt die Zusammenhänge, die zu Karls Entlassung führen, so: „Delamarche will mit allen Mitteln Karl in Bruneldas Dienste zwingen. Er trifft sich eines Abends mit Karls Kollegen Renell und gewinnt ihn für seinen Plan. Robinson soll im Hotel durch einen Skandal Karls Entlassung bewirken. Er trinkt sich Mut an und wird noch in derselben Nacht in das Hotel dirigiert, wo er sich an Karl heranmacht. Von Karl in den Schlafsaal gebracht, schläft Robinson sofort ein, wird aber bald von den Liftjungen entdeckt und zur Rede gestellt. Robinson randaliert und beruft sich auf eine intime Freundschaft zu Karl. ‚Zum Spaß' verprügeln ihn die Liftjungen. Einer von ihnen meldet die Vorgänge telephonisch dem Oberkellner und nennt Karls Namen, was zu dessen Entlassung führt. Robinson wird von den Liftjungen aus dem Hause befördert, sehr gegen seinen Willen, denn er möchte Karl noch im Hotel abfangen. Der Zufall kommt ihm zu Hilfe: Robinson trifft Karl am Ausgang."

Ohnmachtsanfall: Hier wird die Diskrepanz zwischen Karls Denken und Handeln besonders deutlich; er hätte schließlich den Hotelarzt rufen können.

Crayon: veraltet für: Drehbleistift.
Portierloge: Statt zu handeln, verliert sich Karl ins Betrachten ihm interessanter Details.

Ein Asyl

Polizeimann: im 19. Jahrhundert auch in der Literatur übliche Bezeichnung für einen Polizisten.

Fragment I

Tasse: Im Österreichischen gleichbedeutend mit Tablett.

Fragment II

So ein Fräulein ist das Fräulein?: Brunelda arbeitet als Prostituierte.
Unternehmen Nummer 25: ein Bordell.

Das Naturtheater von Oklahoma

Max Brod schreibt im „Nachwort zur ersten Ausgabe": „Aus den Gesprächen weiß ich, daß das vorliegende unvollendete Kapitel über das ‚Naturtheater in Oklahoma', ein Kapitel, dessen Einleitung Kafka besonders liebte und herzergreifend schön vorlas, das Schlußkapitel sein und versöhnlich ausklingen sollte. Mit rätselhaften Worten deutete Kafka lächelnd an, daß sein junger Held in diesem ‚fast grenzenlosen' Theater Beruf, Freiheit, Rückhalt, ja sogar die Heimat und die Eltern wie durch paradiesischen Zauber wiederfinden werde."
Dem steht allerdings eine Tagebucheintragung Kafkas vom 29. September 1915 entgegen: „Roßmann und K. (Hauptfigur aus dem

Roman „Der Prozeß"), der Schuldlose und der Schuldige, schließlich beide unterschiedslos strafweise umgebracht, der Schuldlose
mit leichterer Hand, mehr zur Seite geschoben als niedergeschla-
gen."

INHALTSANGABE

Erstes Kapitel

Der Heizer

Der sechzehnjährige Karl Roßmann aus Prag ist von seinen Eltern verstoßen und nach Amerika geschickt worden, weil ihn ein Dienstmädchen verführt und ein Kind von ihm bekommen hat. Mit seinem ausgeprägten Gerechtigkeitssinn kommt Karl bereits am Ende der Überfahrt nach Amerika in eine schwierige Situation, als er sich für einen vom Obermaschinisten ungerecht behandelten Heizer beim Kapitän einsetzt. Wie durch ein Wunder wird Karl aus der für ihn allmählich mißlich werdenden Situation befreit: Sein vor Jahren nach Amerika ausgewanderter Onkel Jakob, längst ein als Selfmademan reich gewordener und angesehener Inhaber eines riesigen Transportgeschäftes, ist zufällig in der Kapitänskajüte anwesend, wo sich die Auseinandersetzung abspielt. Der Onkel, von dem Dienstmädchen über das Vorgefallene und über Karls Ankunft bereits brieflich unterrichtet, gibt sich zu erkennen und entzieht seinen Neffen weiteren Auseinandersetzungen. Er verläßt mit ihm das Schiff und überläßt den Heizer seinem Schicksal.

Zweites Kapitel

Der Onkel

Onkel Jakob, der Millionär und Senator, nimmt sich in seinem modernen Haus des Neffen an, vermittelt ihm eine vielseitige Ausbildung, läßt ihm Sprach-, Reit- und Klavierunterricht erteilen und findet in Karl einen lerneifrigen Neffen, der die Lebensart in dieser durch und durch rationalisierten Welt begreifen und den Lebenskampf seinen Anlagen entsprechend bestehen will. Im Hause seines Onkels lernt Karl die riesigen Ausmaße und die technische Perfektion, aber auch die Seelenlosigkeit des amerikanischen Wirtschaftslebens kennen; er erkennt, wie sich das ehrgeizige Streben nach Macht, Ansehen und Gewinn im Geschäftsleben und im Umgang der Menschen zeigt, und versucht, ein Stück einfältiger Kindlichkeit zu bewahren. Von dem mit seinem Onkel befreundeten Geschäftsmann Pollunder wird Karl in dessen Landhaus eingeladen. Karl folgt dieser Einladung trotz ihm unklarer Warnungen seines Onkels, der bisher strikt darauf bedacht gewesen ist, Karl von der Außenwelt zu isolieren.

Drittes Kapitel

Ein Landhaus bei New York

Hier herrscht eine andere Atmosphäre als im Hause seines Onkels. Klara, die Tochter Pollunders, führt ihn durch unübersichtliche Gänge und Flure in sein Zimmer. Dort geraten die beiden in Streit; es kommt zu einem Ringkampf, in dem Karl unterliegt. Karl will deshalb sofort abreisen und zu seinem Onkel zurückkehren. Der im Hause Pollunders anwesende Geschäftsfreund Green hält ihn von der Abreise zurück und übergibt ihm nach Mitternacht einen Brief des Onkels. Nach Ansicht des Onkels hat Karl mit seinem Besuch bei Pollunder die Ausbildung unterbrochen, die ihm der Onkel angedeihen lassen will. Dieser erste Konflikt zwischen Karl und dem Onkel bedeutet zugleich das Ende der beiderseitigen Beziehung. Karl wird von seinem Onkel verstoßen. Noch in der Nacht verläßt Karl das Haus Pollunders.

Viertes Kapitel

Weg nach Ramses

In einem Gasthaus, in dem Karl nach seiner zweiten Verstoßung die erste Nacht zubringt, trifft er auf zwei arbeitslose Maschinenschlosser, den Iren Robinson und den Franzosen Delamarche, die schon seit ihrer Kindheit in Amerika leben und nun als Landstreicher umherziehen. Karl schließt sich den beiden an, die angeblich nach Butterford unterwegs sind, weil sie dort Arbeit zu finden hoffen. Er unterstützt beide kameradschaftlich, wird aber von ihnen rücksichtslos ausgenutzt. Während Karl für sie in einem benachbarten Hotel einkauft, brechen sie sogar seinen Koffer auf. Karl trennt sich deshalb von beiden.

Fünftes Kapitel

Hotel Occidental

Bei seinem Einkauf im Hotel Occidental in Ramses hat Karl die Oberköchin des Hotels Grete Mitzelbach kennengelernt. Sie hat ihn zum Übernachten eingeladen und verschafft ihm nun eine Stelle als Liftboy. Die nahezu unerträglichen Arbeits- und Lebensbedingungen empfindet Karl kaum; er hofft, sich allmählich emporarbeiten zu können, und findet sogar noch Zeit und Kraft, seine Weiterbildung zu betreiben.

Sechstes Kapitel

Der Fall Robinson

Nachdem Karl etwa anderthalb Monate im Hotel gearbeitet hat, verläßt er einmal ohne Erlaubnis für wenige Minuten seinen Platz am Lift, um den betrunkenen Robinson aus Furcht vor einem Skandal in seinem Bett im Schlafsaal der Liftjungen zu verstecken. Der Oberkellner erfährt davon, wirft Karl Dienstpflichtverletzung und eine Menge anderer Vergehen vor und entläßt ihn fristlos. Der grausamen körperlichen Züchtigung durch den Oberportier kann sich Karl zwar durch Flucht entziehen, aber er muß seine Jacke mit Geld und Papieren zurücklassen. Beim Verlassen des Hotels trifft Karl wieder auf Robinson.

Siebentes Kapitel

Ein Asyl

Robinson führt Karl zu Delamarche. Robinson und Delamarche sind inzwischen mit der fetten und trägen ehemaligen Sängerin Brunelda eine eigenartige Wohn- und Lebensgemeinschaft eingegangen. Sie zwingen Karl in diese Gemeinschaft und nützen ihn schamlos aus. Ein verzweifelter Fluchtversuch mißlingt. Resigniert ordnet sich Karl seinen drei Zimmerbewohnern unter. Er hofft, einmal eine Arbeit zu finden, in der er etwas leisten kann, und für seine Leistungen anerkannt zu werden.

Hier bricht der Roman ab. Das Fragment

Das Naturtheater von Oklahoma

zeigt einen von Delamarche und Robinson losgekommenen Karl, der auf der Suche nach Arbeit Werbeplakate für das große Theater von Oklahoma liest. Sie vesprechen, daß jeder willkommen sei; wer Künstler werden will, möge sich melden. Karl macht sich nach Clayton zum nächstgelegenen Anmeldebüro auf. Er wird dort angenommen. Mit der beginnenden Beschreibung des Transports nach Oklahoma bricht dieses Fragment ab.

In der von Max Brod besorgten zweiten Ausgabe (1935) und in den späteren Ausgaben sind zwei

Fragmente

aus dem Stoffkreis der Brunelda-Episode enthalten. Das erste Fragment schildert eine Szene nach dem Aufstehen: Brunelda läßt sich von Delamarche waschen, Karl und Robinson besorgen Frühstück. Im zweiten Fragment wird eine Ausfahrt Bruneldas beschrieben: Karl bringt Brunelda in einem Handwagen zu einem Bordell, wo sie als Prostituierte arbeitet.

ZUR INTERPRETATION DES ROMANS

1. Der Protagonist

„Kafka erzählt, was anscheinend bisher nicht bemerkt worden ist, stets einsinnig, nicht nur in der Ich-Form, sondern auch in der dritten Person. Alles, was in dem Roman ‚Der Verschollene‘ (der seltsamerweise auf dem Titelblatt immer noch die irrtümliche Überschrift ‚Amerika‘ trägt) — alles, was dort erzählt wird, ist von Karl Roßmann gesehen und empfunden; nichts wird ohne ihn oder gegen ihn, nichts in seiner Abwesenheit erzählt, nur seine Gedanken, ganz ausschließlich Karls Gedanken und keines andern, weiß der Erzähler mitzuteilen. Und ebenso ist es im ‚Prozeß‘ und im ‚Schloß‘. ... Ist nun die innere Welt mit all ihren Erfahrungen, Einsichten, Wünschen, Träumen, Gedanken, Freuden und Kränkungen der Gegenstand Kafkaischen Erzählens und steht der Erzähler nicht als kalt beobachtender Psychologe draußen, so bleibt ihm kein andrer Platz als in der Seele seiner Hauptgestalt: er erzählt sich selbst, er verwandelt sich in Josef K. und in den Landvermesser K. — man hat längst bemerkt, daß diese Namengebung auf Kafkas eigenen Namen hindeutete, daß auch der Vorname des ‚Verschollenen‘, Karl Roßmanns, nicht zufällig mit einem K. beginnt.“ (Friedrich Beißner, Der Erzähler Franz Kafka. Stuttgart: Kohlhammer [4]1961, S. 28-29.)

„Im Zusammenprall Roßmanns mit der kapitalistischen Welt in ihrer modernsten Form — nicht zufällig wählte Kafka Amerika als Schauplatz — erfaßte der Roman die Wechselbeziehungen zwischen Individuum und Gesellschaft dialektischer ... Zwar ist der Ansatzpunkt einer tiefgehenden Kritik bürgerlicher Gesellschaftsverhältnisse gefunden, doch wird das Gespürte nicht auf die Bewegung der wirklichen Klassenkämpfe bezogen. Das Bild der Welt erscheint dadurch ganz statisch-weglos, Ort eines grundsätzlichen Scheiterns und darin stabil. Der ohnmächtige Protest gegen sie überschreitet ihre Grenzen nicht. Das ist das Ergebnis einer Methode, die — obwohl sie gerade im Amerika-Roman, aber auch sonst vielfach, mit wesentlichen und handgreiflichen Wirklichkeitselementen arbeitet — doch nicht geschichtlich vorgeht ... Erscheinungen der wirklichen Welt werden isoliert als bloße Bausteine von Neukombinationen verwandt, die nun wieder Gegenstand unendlicher Mutmaßungen der Figuren und dadurch vieldeutig werden. Aus diesem prinzipiellen Subjektivismus und Intuitionismus entstanden die weitgehende thematische und methodische Einlinigkeit und Einförmigkeit des Kafkaschen Werkes, die Reduktion der in ihm erfaßten Realität bis zur Wertlosigkeit. Damit hängen auch die Bindung der Erzählperspektive an die sozial nicht determinierten Helden, die übertreibende, verzerrende Phantastik in der subjektiven Behandlung von Raum, Zeit und Kausalität, aber auch die atmosphärisch dichte Darstellung von Zuständen zusammen." (Geschichte der deutschen Literatur von den Anfängen bis zur Gegenwart. 9. Band: Vom Ausgang des 19. Jahrhunderts bis 1917. Von einem Autorenkollektiv unter Leitung von Hans Kaufmann unter Mitarbeit von Silvia Schlenstedt. Berlin: Volk und Wissen Volkseigener Verlag 1974, S. 454-456.)

„Die Welt, die Kafka darstellt, ist eine Welt der Apathie, der Leidenschaftslosigkeit, mehr eine Scheinwelt, und die literarischen Figuren sind Menschen, die keiner energischen Handlung mehr fähig sind. Ihr Zweifel an der Realität der sie umgebenden Welt ist zugleich ein Zweifel an ihrer eigenen Existenzberechtigung." (Michael Wegner, Fjodor Dostojewski — und kein Ende. In: Erzählte Welt. Studien zur Epik des 20. Jahrhunderts. Hrsg. von Helmut Brandt und Nodar Kakabadse. Berlin, Weimar: Aufbau-Verlag 1978, S. 33.)

2. „Amerika" und die Ausgebeuteten

„Der Roman gehört zu den hellsichtigsten dichterischen Enthüllungen der modernen Industriegesellschaft, die die Weltliteratur kennt. Der geheime ökonomische und psychologische Mechanismus dieser Gesellschaft und seine satanischen Konsequenzen werden hier schonungslos bloßgelegt." (Wilhelm Emrich, Franz Kafka. Frankfurt a. M., Bonn: Athenäum [7]1970, S. 227.)

Es mag erstaunlich erscheinen, ist aber aus der relativ spät einsetzenden Kafka-Rezeption zu erklären, daß dieses bereits vor dem ersten Weltkrieg gezeichnete Bild entmenschlichender wirtschaftlicher Machtmechanismen erst in einer Zeit erfaßt wurde, in der die Verselbständigung solcher Mechanismen aufs neue in voller Schärfe spürbar wurde, in der Zeit der großen wirtschaftlichen Expansion nach dem zweiten Weltkrieg. Entscheidend für Kafkas hellsichtige Darstellung war sein unmittelbares Erleben.

„In der Auflehnung gegen die Vater-Welt des Geschäfts und Profits ergriff Kafka die ‚Partei des Personals‘. Er lernte jedoch, sowohl in der Fabrik des Vaters wie vor allem in der Arbeiter-Unfall-Versicherungs-Anstalt, deren Beamter er war, die Arbeiter nicht als kämpfende Klasse, sondern als hilflose Einzelne kennen. Mit Entsetzen berichtete er von den gedemütigten Arbeiterinnen in der Fabrik; sie ‚sind nicht Menschen, man grüßt sie nicht, man entschuldigt sich nicht, wenn man sie stößt, ruft man sie zu einer kleinen Arbeit, so führen sie sie aus, kehren aber gleich zur Maschine zurück, mit einer Kopfbewegung zeigt man ihnen, wo sie eingreifen sollen, sie stehn in Unterröcken da, der kleinsten Macht sind sie überliefert ...‘ Und die Hilfesuchenden, die von der Maschine Verstümmelten, die nicht als Fordernde, sondern als Bittsteller in die Anstalt kommen, in dieses ‚dunkle Bürokratennest‘, sind in ihrer Geduld und Ohnmacht nicht imstande, Kafka von ihrer Kraft als Klasse zu überzeugen. ‚Wie bescheiden diese Menschen sind‘, sagte Kafka zu Brod. ‚Sie kommen zu uns bitten. Statt die Anstalt zu stürmen und alles kurz und klein zu schlagen, kommen sie bitten.‘“ (Ernst Fischer, Franz Kafka. In: Sinn und Form. Berlin. 14, 1962, S. 534.)

„Amerika ist bei ihm (Kafka) potenziertes Europa, und er zerschlägt alle Illusionen über das ‚Land der unbegrenzten Möglichkeiten‘ und damit über eine, wenn auch noch so bescheidene Selbstbehauptung in der modernen Gesellschaft. Das in wichtigen Zügen erkennbare und unverwechselbare Amerika dient Kafka dazu, modellhafte Situationen menschlichen Scheiterns in der imperialistischen Gesellschaft herauszuarbeiten; das Politisch-Zeitgeschichtliche, der sich in der Vorkriegswelt vollziehende Prozeß (Katastrophe und Perspektive), tritt dahinter zurück.“ (Hans Kaufmann, Krisen und

Wandlungen der deutschen Literatur von Wedekind bis Feucht-
wanger. Berlin, Weimar: Aufbau-Verlag 1969, S. 323-324).
Man wird „eine konstitutive Besonderheit des Verhältnisses dieser
Vordergrundfigur Kafkas zu ihren Mitfiguren anerkennen müssen:
die Gemeinsamkeit, die sich daraus ergibt, daß alle Figuren der
Handlung in ‚Amerika‘ Opfer sind, Opfer alle gleichermaßen eines
korrumpierten Systems zwischenmenschlichen Zusammenlebens.
Nicht nur die Erniedrigten (der Heizer, Robinson, Karl Roßmann
selbst) leiden, sondern auch die Erniedriger (der Oberportier, Delamarche); ausbeutend sind sie selbst Ausgebeutete, materiell, se-
xuell." (Dietrich Krusche, Kafka und Kafka-Deutungen. München:
Wilhelm Fink 1974, S. 34.)
„Die Methode, mit der ein freundlicher, nach Leistung, Güte, Ge-
rechtigkeit strebender Junge wie Karl Roßmann in seinem Kampf
gegen eine Welt der Ausbeutung, Konkurrenz, Entmenschlichung
gezeigt wird, in seinem Kampf um den Beruf als Voraussetzung der
Existenz, in seinem Scheitern an einem System, das mächtiger ist
als menschliches Vertrauen, entspricht in ihrem Realismus einer
gesellschaftlichen Situation. Gewiß: eine ‚dialektisch aufhebende
Lösung des Gegensatzes zwischen dem Helden und der amerikanischen Umwelt‘ wäre selbst vom vollendeten Roman nicht zu erwarten gewesen." (Ernst Fischer, Franz Kafka. In: Sinn und Form. Berlin. 14, 1962, S. 525-526.)
„In diesem Kapitel (‚Hotel Occidental‘) kommt Kafkas Sympathie
mit den Armen und Ausgebeuteten der Gesellschaft am deutlich-
sten innerhalb seines Werkes zum Ausdruck. Er berichtet anschau-
lich von den schweren Arbeitsbedingungen der Liftjungen, die zehn
bis zwölf Stunden arbeiten müssen und nur einen gemeinsamen
Schlaf- und Aufenthaltsraum haben. Ähnlich ergeht es den Kü-
chenmädchen. Karl lernt eine Stenotypistin kennen, die ihm von ihrer anstrengenden Hotellaufbahn erzählt ... Der Höhepunkt von
Kafkas unmittelbar realistischer Gesellschaftskritik ist des Mäd-
chens Bericht vom Tode ihrer Mutter, die, tagelang ohne Arbeit und
Unterkunft, endlich auf einer Baustelle Arbeit findet, aber, vor
Schwäche irre geworden, vor den Augen ihres Kindes vom Gerüst
stürzt." (Helmut Richter, Franz Kafka. Werk und Entwurf. Berlin:
Rütten & Loening 1962, S. 181.)

„In der deutschen Literatur waren zwar schon vor Kafka Werke geschaffen worden, die von der Sympathie ihrer Autoren für die Arbeiterklasse zeugen, aber wir dürften vergeblich nach einem Schriftsteller suchen, in dessen Werk der Gedanke Gestalt gewonnen hat, daß eine Annäherung an die Arbeiterklasse vielleicht den Weg freimachen könnte zur Lösung der Lebensproblematik eines bürgerlichen Intellektuellen in der gesellschaftlichen Situation Kafkas. Meines Erachtens hat Kafka diesen Schritt schon 1912 getan, als noch kein deutsch schreibender Schriftsteller seines Formats den Weg zur Arbeiterklasse gefunden, ja eine solche Möglichkeit noch nicht einmal erwogen hatte ... Es steht für mich außer Zweifel, daß Kafka in dem Heizer, den der jugendliche Held Karl Roßmann im Augenblick der größten Hilfsbedürftigkeit tief im Schiffsinneren antrifft und der ihn aus seinen dantesken Irrgängen herausführt, daß Kafka in diesem Heizer die Arbeiterklasse hat symbolisieren wollen, so wie er sie sah." (Eduard Goldstücker, Über Franz Kafka aus der Prager Perspektive 1963. Vortrag. Zit. nach: Marxismus und Literatur. Eine Dokumentation. Hrsg. von Fritz J. Raddatz. Reinbek: Rowohlt 1969.)

3. Die Personengruppen

Die Personen, denen der junge Karl Roßmann am Ende der Schiffsreise und in der Neuen Welt begegnet, stehen nicht beziehungslos zueinander, sondern zeigen in ihrem Verhalten oftmals erstaunliche Parallelen. Dieses Struktur- und Kompositionsmerkmal in den Dichtungen Kafkas ist besonders an seinem „Amerika"-Roman leicht ablesbar. Da sind

die Elternfiguren:
Edward Jakob — der Onkel, der „Mann von Prinzipien", der sich Karls Erziehung angelegen sein läßt, solange dieser seine Weisungen absolut befolgt.
Oberkellner und Oberköchin — sie sind den Eltern Roßmanns vergleichbar, dem harten und strengen Vater und der Mutter, die ihm zugetan ist, aber den väterlichen Entschluß, das Kind zu verstoßen,

erfüllt. Die Oberköchin, dem Oberkellner in Liebe hörig, hat Roßmann im Hotel Occidental aufgenommen und mütterlich umsorgt;
sie regelt aber Karls Entlassung, die der Oberkellner veranlaßt hat.
Delamarche — von ihm ist Karl trotz äußerer Widerspenstigkeit innerlich abhängig.
Brunelda — ihr muß sich Karl nahezu uneingeschränkt unterord-
nen.

die feindlichen Gegenfiguren:
Oberkassier und Schubal — ihnen begegnet Karl bereits auf dem
Schiff, als er sich für den Heizer einsetzt.
Green — er muß Karl den Abschiedsbrief des Onkels übergeben.
Oberportier — er genießt seine Feindseligkeit und quält Karl nach
dessen Entlassung.
Vermieterin — von ihr sind die Zimmerbewohner bei Brunelda ab-
solut abhängig.

die Partnerfiguren:
Johanna Brummer — sie hat den minderjährigen Karl Roßmann
verführt; ihre Sympathie für Roßmann zeigt sich in dem Brief, den
sie an den Onkel geschrieben hat.
Klara Pollunder — sie versucht, Karl mit Andeutungen zu verlocken,
und beginnt dann einen Ringkampf mit ihm und besiegt ihn.
Therese Berchtold — sie ist ihm im Hotel Occidental freundschaft-
lich zugetan.
Die Funktion dieser Figuren charakterisiert Martin Walser: „Die
Menschen, auf die der Held in Kafkas Dichtung trifft, die wir mit
ihm und durch ihn sehen, sind, das fällt sofort auf, nicht ‚wahr‘ im
psychologischen Sinne, sie sind nicht ‚wirklich‘ im empirischen,
nicht ‚menschlich‘ im anthropologischen und nicht ‚natürlich‘ im
biologischen Sinne. Sie sind lediglich notwendig innerhalb ihrer
Welt. Sie zeichnen sich, wie diese, vorwiegend durch ihre Geschaf-
fenheit aus." (Martin Walser, Bedeutung einer Form. Versuch über
Franz Kafka. München: Hanser [2]1963, S. 49.)

4. Die Motive

Wie bei den Personen zeigt sich auch bei den Motiven eine vielfache Parallelität. Sie kehren in ähnlicher Weise auch in den späteren Werken Kafkas wieder. Im „Amerika"-Roman werden besonders deutlich

das Elternmotiv,
das sich einmal in Karls Liebe zu seinen Eltern, hier am zweimal abhanden gekommenen Elternphoto, ausdrückt, zum andern auch an seiner Liebe zum Onkel und zur Oberköchin zeigt. Der Bruch mit ihnen, bedingt durch seinen Ungehorsam, bringt eine Störung von Frieden und Ordnung mit sich;

das Anklagemotiv,
das schon im „Heizer"-Kapitel auftaucht. Hier verklagen sich der Heizer und Schubal gegenseitig. Im Hotel Occidental klagen der Oberkellner und der Oberportier Karl an. Beide Male sind die Fürsprecher (Karl bzw. die Oberköchin) machtlos;

das Strafmotiv,
das sich in einer dreimaligen Verstoßung Karls ausdrückt. Zum ersten Mal geschieht sie durch die Eltern, dann durch den Onkel, schließlich durch Oberkellner und Oberköchin;

das Motiv der Unüberschaubarkeit,
das sich in gänzlich unterschiedlichen Formen und dennoch immer wieder in gleicher Weise zeigt:
Das Schiff — Hier sind es „Treppen, die einander immer wieder folgten", und „fortwährend abbiegende Korridore", in denen sich Karl verirrt, als er seinen Schirm sucht.
Das Haus des Onkels — Es wird als ein riesiges Wohn- und Geschäftshaus geschildert, das sogar noch drei unterirdische Stockwerke hat.
Das Haus Pollunders — In diesem Haus mit seinen zahllosen Türen und nicht enden wollenden Gängen verirrt sich Karl. Das Hotel Occidental — Kafka schildert es als eine Stadt für sich.

Die Mietskasernen — In der Erzählung vom Tod ihrer Mutter berichtet Therese von den Korridoren dieser Häuser; sie sind „nach schlauen Plänen der besten Raumausnutzung, aber ohne Rücksicht auf leichte Orientierung angelegt".

Das Haus, in dem Brunelda wohnt — „ ‚Wir sind gleich oben', sagte Delamarche einige Male während des Treppensteigens, aber seine Voraussage wollte sich nicht erfüllen, immer wieder setzte sich an eine Treppe eine neue in nur unmerklich veränderter Richtung an. Einmal blieb Karl sogar stehen, nicht eigentlich vor Müdigkeit, aber vor Wehrlosigkeit gegenüber dieser Treppenlänge."

Das Naturtheater von Oklahoma — Es wird als „fast grenzenlos" beschrieben.

DER PROZESS

ENTSTEHUNG UND VERBREITUNG

Fast gleichzeitig mit der Niederschrift der „Strafkolonie" beginnt Kafka im Sommer des Jahres 1914 die Arbeit am Roman „Der Prozeß". „Diese Dichtung", schreibt Franz Baumer, „ist Fortführung der Traumwelt in die Wachwelt hinein, des Unbewußten, aber echteren Lebens in die rationalisierte und verdünnte Arbeitswelt, ein Bekenntnisbuch und magisches Theater des inneren Lebens."
Kafkas Tagebuchblätter, ebenfalls von Max Brod aus dem Nachlaß herausgegeben, sind im großen ganzen ein getreues Spiegelbild des unablässigen Ringens um diese Dichtung und der seelischen Anspannung, die diese Arbeit mit sich brachte. Hier einige Auszüge:

15. August 1914: Ich schreibe seit ein paar Tagen, möchte es sich halten ... Ich kann wieder ein Zwiegespräch mit mir führen und starre nicht so in vollständige Leere. Nur auf diesem Wege gibt es für mich eine Besserung.
21. August 1914: Vielleicht ist es richtig, daß die russische Geschichte (Kafka meint seine Erzählung „Erinnerungen an die Kaldabahn") nur immer nach dem Prozeß gearbeitet werden durfte. In dieser lächerlichen Hoffnung, die sich offenbar nur auf eine mechanische Phantasie stützt, fange ich wieder den „Prozeß" an.
29. August 1914: Schluß eines Kapitels mißlungen, ein anderes schön begonnenes Kapitel werde ich kaum, oder vielmehr ganz bestimmt nicht so schön weiterführen können, während es mir damals in der Nacht sicher gelungen wäre. Ich darf mich aber nicht verlassen, ich bin ganz allein.
1. September 1914: In gänzlicher Hilflosigkeit kaum zwei Seiten geschrieben. Ich bin heute sehr stark zurückgewichen ...
13. September 1914: Wieder kaum zwei Seiten. Zuerst dachte ich, die Traurigkeit über die österreichischen Niederlagen und die

Angst vor der Zukunft (eine Angst, die mir im Grunde lächerlich und zugleich infam vorkommt) werden mich überhaupt am Schreiben hindern. Das war es nicht, nur ein Dumpfsein, das immer wieder kommt und immer wieder überwunden werden muß.

7. Oktober 1914: Ich habe mir eine Woche Urlaub genommen, um den Roman vorwärtszutreiben. Es ist bis heute — heute ist Mittwoch nacht, Montag geht mein Urlaub zu Ende — mißlungen. Ich habe wenig und schwächlich geschrieben.

15. Oktober 1914: Vierzehn Tage gute Arbeit, zum Teil vollständiges Begreifen meiner Lage.

21. Oktober 1914: Seit vier Tagen fast nichts gearbeitet, immer nur eine Stunde und nur ein paar Zeilen ...

25. Oktober 1914: Fast vollständiges Stocken der Arbeit.

1. November 1914: Gestern nach langer Zeit ein gutes Stück vorwärtsgekommen, heute wieder fast nichts, die vierzehn Tage seit meinem Urlaub sind fast gänzlich verloren.

3. November 1914: Der vierte Tag seit August, an dem ich gar nichts geschrieben habe. Schuld daran sind die Briefe, ich werde versuchen, gar keine oder nur ganz kurze Briefe zu schreiben.

30. November 1914: Ich kann nicht mehr weiterschreiben. Ich bin an der endgültigen Grenze, vor der ich vielleicht wieder jahrelang sitzen soll, um dann vielleicht wieder eine neue, wieder unfertig bleibende Geschichte anzufangen. Diese Bestimmung verfolgt mich.

8. Dezember 1914: Gestern zum erstenmal seit längerer Zeit in zweifelloser Fähigkeit zu guter Arbeit.

13. Dezember 1914: Statt zu arbeiten — ich habe nur eine Seite geschrieben (Exegese der Legende) — in fertigen Kapiteln gelesen und sie zum Teil gut gefunden. Immer im Bewußtsein, daß jedes Zufriedenheits- und Glücksgefühl, wie ich es zum Beispiel besonders der Legende gegenüber habe, bezahlt werden muß, und zwar, um niemals Erholung zu gönnen, im Nachhinein bezahlt werden muß.

6. Januar 1915: ... fast unfähig, den „Prozeß" fortzusetzen.

7. Februar 1915: Vollständige Stockung. Endlose Quälereien.

27. Januar 1922: Trotzdem ich dem Hotel deutlich meinen Namen geschrieben habe, trotzdem auch sie mir zweimal schon richtig ge-

schrieben haben, steht doch unten auf der Tafel Josef K. Soll ich sie aufklären oder soll ich mich von ihnen aufklären lassen?

Obwohl also die Arbeit am Roman „Der Prozeß" im Jahre 1915 abgeschlossen ist, bewegt den Dichter, wie die Tagebucheintragung vom 27. Januar 1922 zeigt, zumindest die Namenssymbolik dieses Romans noch in späteren Jahren. Dennoch gehört dieser Roman zu denen, deren Veröffentlichung Kafka verhindern will. Zwar befindet sich in Kafkas Nachlaß kein Testament, aber auf einem Zettel steht seine an den Freund Max Brod gerichtete letzte Bitte: „Alles, was sich in meinem Nachlaß (also im Buchkasten, Wäscheschrank, Schreibtisch, zu Hause und im Büro, oder wohin sonst irgend etwas vertragen worden sein sollte und Dir auffällt) an Tagebüchern, Manuskripten, Briefen, fremden und eigenen, Gezeichnetem und so weiter findet, restlos und ungelesen zu verbrennen, ebenso alles Geschriebene oder Gezeichnete, das Du oder andre, die Du in meinem Namen darum bitten sollst, haben. Briefe, die man Dir nicht übergeben will, soll man wenigstens selbst zu verbrennen sich verpflichten."

Ein weiteres, vermutlich älteres Blatt, ebenfalls an Max Brod gerichtet, enthält folgende Verfügung: „Von allem, was ich geschrieben habe, gelten nur die Bücher: Urteil, Heizer, Verwandlung, Strafkolonie, Landarzt und die Erzählung: Hungerkünstler. (Die paar Exemplare der ‚Betrachtung' mögen bleiben, ich will niemandem die Mühe des Einstampfens machen, aber neu gedruckt darf nichts daraus werden.) Wenn ich sage, daß jene fünf Bücher und die Erzählung gelten, so meine ich damit nicht, daß ich den Wunsch habe, sie mögen neu gedruckt und künftigen Zeiten überliefert werden, im Gegenteil, sollten sie ganz verlorengehn, entspricht dieses meinem eigentlichen Wunsch. Nur hindere ich, da sie schon einmal da sind, niemanden daran, sie zu erhalten, wenn er dazu Lust hat. Dagegen ist alles, was sonst an Geschriebenem von mir vorliegt (in Zeitschriften Gedrucktes, im Manuskript oder in Briefen) ausnahmslos, soweit es erreichbar oder durch Bitten von den Adressaten zu erhalten ist (die meisten Adressen kennst Du ja, in der Hauptsache handelt es sich um ..., vergiß besonders nicht paar Hefte, die ... hat) — alles dieses ist ausnahmslos, am liebsten ungelesen (doch wehre ich Dir nicht hineinzuschaun, am liebsten wäre es mir allerdings, wenn Du es nicht tust, jedenfalls aber darf niemand andrer hineinschauen) — alles dieses ist ausnahmslos zu verbrennen, und dies möglichst bald zu tun bitte ich Dich

Franz."

In seinem Nachwort zur ersten Ausgabe des Romans „Der Prozeß" legte Max Brod die wesentlichen Gründe dar, die ihn bewogen haben, der Bitte seines Freundes nicht zu entsprechen.
Max Brod hatte im Juni 1920 den Roman „Der Prozeß" an sich genommen und gleich damals geordnet. „Das Manuskript trägt keinen Titel", heißt es in Brods Nachwort. „Doch hat Kafka dem Roman im Gespräch stets den Titel ‚Der Prozeß' gegeben. Die Einteilung in Kapitel sowie die Kapitelüberschriften rühren von Kafka her. Bezüglich der Anordnung der Kapitel war ich auf mein Gefühl angewiesen. Doch da mir mein Freund einen großen Teil des Romans vorgelesen hatte, konnte sich mein Gefühl bei der Ordnung der Papiere auf Erinnerungen stützen. — Franz Kafka hat den Roman als unvollendet betrachtet. Vor dem Schlußkapitel, das vorliegt, sollten noch einige Stadien des geheimnisvollen Prozesses geschildert werden. Da aber der Prozeß nach der vom Dichter mündlich geäußerten Absicht niemals bis zur höchsten Instanz vordringen sollte, war in einem gewissen Sinne der Roman überhaupt unvollendbar, das heißt in infinitum fortsetzbar."
Brods Arbeit an dem Manuskript beschränkte sich nach seiner Auskunft darauf, „die vollendeten von den unvollendeten Kapiteln zu sondern." Die unvollendeten Kapitel sind „Zu Elsa", „Fahrt zur Mutter", „Staatsanwalt", „Das Haus", „Kampf mit dem Direktor-Stellvertreter" und „Ein Fragment". Ein anderes Fragment hat Kafka selbst unter dem Titel „Ein Traum" in den Band „Ein Landarzt" (1919) aufgenommen. Eine kurze Fassung der Legende „Vor dem Gesetz" hat Kafka ebenfalls in den Band „Ein Landarzt" übernommen.
Friedrich Beißner war der erste, der sich gegen Brods Editionstechnik wandte. Der belgische Germanist Herman Uyttersprot versuchte nachzuweisen, daß die Kapitaleinteilung in Brods Ausgabe des Romans „Der Prozeß" ungenau sei; er stellte die unrichtige Folge der Jahreszeiten beim Ablauf der Handlung fest und schloß auf ei-

ne unrichtige Anordnung der Kapitel. Schon in seinem Nachwort zur dritten Auflagen des Romans, das 1946 geschrieben wurde, ging Brod auf derartige Möglichkeiten ein: „Bei neuerlicher Durchsicht des Manuskripts erscheint es nicht als unmöglich, daß Kafka die jetzt als ‚Fünftes Kapitel‘ bezeichnete Episode als zweites Kapitel intendiert hat. Kafka hat zwar die Kapitel mit Überschriften versehen, aber nicht numeriert. Die Ordnung führte ich nach dem sachlichen Zusammenhang durch, ferner auf Grund spezieller Hinweise, zum Beispiel Wiederholung der Schlußworte eines Kapitels auf der gleichen Seite, auf der das neue Kapitel anfängt. Dies muß die ursprüngliche Form gewesen sein. Später hat Kafka dann die einzelnen Kapitel voneinander getrennt und jedesmal die erwähnten Schlußworte in einer mit vielen Abkürzungen durchsetzen Abschrift, öfters auch in der ihm persönlich eigenen Stenographie dem Kapitelschluß beigefügt. Solche Duplikatstellen beweisen also zumindest, daß derartig gekennzeichnete Kapitel ursprünglich zusammenhingen. Ob dieser Zusammenhang der Absicht des Dichters nach weiterbestehen oder aufgehoben werden sollte, muß für immer zweifelhaft bleiben."

Teildrucke
Vor dem Gesetz. In: Selbstwehr. Unabhängige jüdische Wochenschrift. Prag. Nr. 34 v. 7.9.1915.
Ein Traum. In: Das jüdische Prag. Eine Sammelschrift. Hrsg. von der Redaktion der „Selbstwehr". Prag 1917, S. 32 f.

Erstausgabe
Der Prozeß. Roman. Berlin: Die Schmiede 1925.

Taschenbuchausgabe
Der Prozeß. Roman. Frankfurt a.M.: Fischer Taschenbuch Verlag 1960. (Fischer Bücherei, 676.) Zahlreiche Neuauflagen.

Das Werk wurde 1947 von André Gide und Jean-Louis Barrault dramatisiert. Die deutsche Übersetzung von Josef Glücksmann erlebte am 15. Juni 1950 im Berliner Schloßparktheater ihre Uraufführung. Eine Oper mit diesem Stoff komponierte Gottfried von Einem nach dem Textbuch von Boris Blacher und Heinz von Cramer; sie wurde am 17. August 1953 in Salzburg uraufgeführt.

Als eine deutsch-französische Gemeinschaftsproduktion wurde 1962 unter der Regie von Orson Welles ein Spielfilm „Der Prozeß" nach dem Roman von Franz Kafka gedreht. Die Urteile über diesen Film gehen weit auseinander. Zur deutschen Erstaufführung schrieb Karl Korn 1963: „Wenn es einen Beweis für Orson Welles' kongeniale Erfassung Kafkas gibt, dann den, daß er sich von allen Fehlern der Kafka-Literatur ferngehalten hat. Der Film ist ein Arsenal von Bildern und ist dem thesenhaften Flachsinn der Sekundärliteratur nicht verpflichtet. Man kann ihn nur in Bildern verstehen und beschreiben."

Diese Aussage ist des Nachdenkens wert; sie bezieht sich nicht bloß auf den Film, sondern auch auf Kafkas Roman.

Advokat: veraltete Form für Anwalt, Rechtsanwalt, Rechtsbeistand.

Aftermiete: Untermiete.

Bartstrahn: Bartsträhne.

Chirurg: Facharzt, der durch operative Eingriffe heilt.

delegieren: abordnen; Zuständigkeiten, Leistungen, Befugnisse übertragen.

Depot: Aufbewahrungsort für Sachen.

Expedition: Forschungsreise; Versand- oder Abfertigungsabteilung.

Fauteuil: Armstuhl, Lehnsessel.

Fräulein Bürstner: Hier wird Kafkas Verlobte Felice Bauer beschworen. Die Abkürzung im Manuskript lautet F. B.

Gaze: weitmaschiges Gewebe aus verschiedenem Material; Verbandmull.

die Hohe Schule reiten: das Pferd in bestimmten Gangarten reiten.

Intimität: Vertraulichkeit; Gemütlichkeit.

irden: aus Erde.

Kanapee: Sitzsofa.

karikieren: verzerren, zur Karikatur (Zerrbild, Spottbild, Fratz) machen, als Karikatur darstellen.

Klient: von einem Rechtsanwalt Beratener oder Vertretener.

Klientel: Kreis der von einem Rechtsanwalt beratenen und vor Gericht vertretenen Personen; Gesamtheit der Klienten.

Kommis: Handlungsgehilfe.

Legitimation: Beglaubigung; (Rechts-)Ausweis.

Litanei: im Wechsel gesungenes Bittgebet bei katholischen Prozessionen; eintöniges Gerede; endlose Aufzählung.

Ottomane: niedriges Liegesofa.

Petent: Bittsteller.

rebellieren: sich auflehnen, widersetzen, empören.

INHALTSANGABE

Erstes Kapitel

Verhaftung — Gespräch mit Frau Grubach — Dann Fräulein Bürstner

Der Bankbeamte K. wird am Morgen seines dreißigsten Geburtstags im Wohnzimmer seiner Zimmervermieterin, Frau Grubach, von einem Aufseher und zwei Wächtern, die von drei Bankbeamten begleitet werden, ohne Haftbefehl und auf recht eigenartige Weise verhaftet. Die Wächter Franz und Willem wollen K.s Legitimationspapiere nicht sehen, verfügen aber bereits über K.s Kleidung und Wäsche. K. muß seinen schwarzen Rock anziehen. Im Zimmer des ebenfalls in der Pension wohnenden Fräulein Bürstner erfährt er, daß er verhaftet ist. Zunächst will sich K. an den Staatsanwalt Hasterer, seinen Freund, wenden, kommt aber dann wieder davon ab. Obwohl K. verhaftet ist, darf er weiterhin seinen Beruf ausüben und soll auch, so sagt man ihm, in seiner bisherigen Lebensweise nicht behindert werden. Um für K. die späte Ankunft in der Bank unauffällig zu gestalten, kann er in Begleitung der drei untergeordneten Bankbeamten gehen. Kurz bevor sie zu viert mit einer Taxe zur Bank fahren, fällt ihnen ein großer Mann mit einem blonden Spitzbart auf, der im gegenüberliegenden Haustor steht. Das Weggehen des Aufsehers und der beiden Wächter bemerkt K. nicht. Er nimmt sich vor, in dieser Hinsicht künftig besser zu beobachten.

Als K. am Abend von der Bank zurückkommt, führt er mit Frau Grubach noch ein längeres Gespräch. Dann wartet er auf die Rückkehr von Fräulein Bürstner, spricht mit ihr in ihrem Zimmer über die Vorkommnisse am Morgen und küßt sie beim Abschied auf die Hand, den Mund, das ganze Gesicht und den Hals.

Zweites Kapitel

Erste Untersuchung

K. wird telefonisch zu einer Untersuchung in ein Haus in der Julius-
straße, eine entlegene Vorstadtstraße, bestellt. Die Untersuchung
soll an einem Sonntag stattfinden, damit er in seiner beruflichen
Arbeit nicht gestört wird; eine Uhrzeit wird ihm nicht genannt. K. ist
genötigt, eine Einladung des Direktor-Stellvertreters seiner Bank
zu einer Segelpartie an diesem Tag auszuschlagen.
Auf seinem Weg zur Untersuchung begegnet K. den drei an seiner
Angelegenheit beteiligten Bankbeamten Rabensteiner, Kullich und
Kaminer. Er hat sich vorgenommen, um neun Uhr vor der Unter-
suchungskommission zu erscheinen, muß aber lange suchen, ehe er
in dem angegebenen Haus das Untersuchungszimmer findet. Seltsamerweise genügt sein eigenwilliges Fragen nach einem — erfun-
denen — Tischler Lenz, damit er von einer jungen Frau, an deren
Tür er ebenfalls gefragt hat, aufgefordert wird, einzutreten und in
das Nebenzimmer zu gehen. In diesem Zimmer herrscht großes Ge-
dränge; selbst auf der Galerie, auf der die Menschen nur gebückt
stehen können, drängt man tüchtig. Es ist zehn Uhr. Ein kleiner, rot-
bäckiger Junge führt K. durch die Menge der schwarzgekleideten
Leute nach vorn. Auf einem Podium nimmt K. Platz. Der Untersuchungsrichter fragt ihn, ob er Zimmermann sei. Seine Antwort benutzt K. zu längeren Ausführungen über die seltsame Art des Ver-
fahrens, die zweifelhaften Akten des Untersuchungsrichters, über
die Art seiner Verhaftung und macht aus seiner Meinung über die
Organisation, die hinter dieser Untersuchung steht, keinen Hehl. Er
erhält dafür Beifall.
Ein Kreischen am Saalende unterbricht ihn. Dort hat ein Mann die
junge Frau, die ihm die Tür geöffnet hat, an sich gedrückt. Nach ein
paar abfälligen Bemerkungen über die Gerichtsverhandlung geht
K. zum Ausgang. Der Untersuchungsrichter sagt ihm noch, daß K.
sich durch sein Verhalten des Vorteils eines Verhörs beraubt habe.
Dann verläßt K. die Versammlung.

Drittes Kapitel

Im leeren Sitzungssaal — Der Student — Die Kanzleien

Eine Woche lang wartet K. auf eine neue Vorladung. Obwohl er sie nicht erhält, geht er am Sonntag wieder in jene Vorstadtwohnung. Die junge Frau führt ihn in den Nebenraum und beweist ihm, daß wirklich keine Sitzung stattfindet. Es kommt zu einem Gespräch zwischen K. und der Frau, aus dem K. erfährt, daß die Frau zwar verheiratet ist, daß aber Berthold, ein Student des Gerichts, ihr nachstellt. K. darf auch die Bücher auf dem Tisch des Gerichtszimmers ansehen: es sind zwei pornografische Bücher. Es kommt zu einem Austausch von Komplimenten zwischen K. und der Frau, die sich schließlich bereit erklärt, sich für K. einzusetzen.

Da erscheint der Student Berthold. Ein Wink von ihm genügt, und die Frau geht zu ihm. Zuvor aber verspricht sie K. noch, sie wolle mit K. gehen, wohin er wolle, und er könne mit ihr tun, was er wolle. Als K. wenig später die Frau aus dem Zimmer führen will, hebt der Student sie hoch und trägt sie nach oben in die Gerichtskanzleien zum Untersuchungsrichter.

Mit dem zurückkehrenden Ehemann der Frau, dem Gerichtsdiener, geht K. nach oben, um sich die Kanzleien anzusehen. Von einem langen Gang aus, in dem einige Leute warten, gewinnt er durch die Holzgitter hindurch Einblick in die Räume. K. will umkehren, aber der Gerichtsdiener drängt ihn weiterzugehen; doch dann wird K. von Unwohlsein befallen und von dem Auskunftgeber und einem Büromädchen zum Ausgang der Kanzlei geleitet. Draußen auf der Treppe wird ihm sogleich wohler.

Viertes Kapitel

Die Freundin des Fräulein Bürstner

Vergeblich versucht K., mit Fräulein Bürstner einige Worte zu sprechen. Selbst Briefe, in denen er die Bitte um ein Gespräch äußert, bleiben unbeantwortet. Dagegen bemerkt K., daß Fräulein Montag, das bisher ein eigenes Zimmer bewohnt hat, zu Fräulein Bürstner übersiedelt. Von Fräulein Montag wird K. ins Eßzimmer gebeten, wo sie ihm mitteilt, daß Fräulein Bürstner eine Aussprache für unnötig hält. Ehe K. wieder in sein Zimmer geht, betritt er das Zimmer von Fräulein Bürstner. Beim Herausgehen wird er von Fräulein Montag und dem Hauptmann, der ebenfalls in dieser Wohnung logiert, beobachtet.

Fünftes Kapitel

Der Prügler

An einem der nächsten Abende verläßt K. ziemlich spät sein Büro. Auf dem Gang hört er Seufzer hinter einer Tür, hinter der er nur eine Rumpelkammer vermutet. Er reißt die Tür auf und sieht drei Männer, die gebückt in dem niedrigen Raum stehen. Beim Schein einer Kerze ist ein Prügler dabei, auf die Wächter Franz und Willem einzuschlagen, weil K. sich beim Untersuchungsrichter über sie beklagt habe. K. will den Prügler bestechen, damit er die beiden Wächter nicht weiter schlägt; denn er hält nicht die Wächter, sondern die Organisation, die hohen Beamten für schuldig. Aber der Prügler lehnt ab.
Als Franz einen lauten Schrei ausstößt, erscheinen in der Ferne zwei Bankdiener. K. vermag sie abzulenken; dann verläßt er das Gebäude. Auch am nächsten Abend, als K. in die Rumpelkammer blickt, sieht er den Prügler und die Wächter dort. Schnell entfernt er sich, gibt aber den Dienern den Auftrag, die Rumpelkammer auszuräumen.

Sechstes Kapitel

Der Onkel — Leni

K.s Onkel Karl, ein kleiner Grundbesitzer vom Lande und der ehemalige Vormund K.s, kommt in K.s Büro und bittet ihn um ein Gespräch unter vier Augen. Er hat durch Erna, seine Tochter, von K.s

Prozeß gehört. Nun rät er K. zu einem Landaufenthalt. Da K. ab-
lehnt, fährt der Onkel mit ihm zu Rechtsanwalt Huld, seinem
Freund, der als Armenadvokat und Verteidiger einen guten Ruf ha-
ben soll. Unterwegs erzählt K. dem Onkel alles, was ihm bisher im
Zusammenhang mit seinem Prozeß begegnet ist. Der bettlägerige
Rechtsanwalt weiß bereits von K.s Prozeß, da er gute Freunde beim
Gericht hat. Gerade jetzt hält sich ein Kanzleidirektor im Zimmer
des Rechtsanwalts auf. Es kommt zu einem Gespräch, an dem sich
K. nicht beteiligt und von dem er kaum etwas versteht. K. nutzt eine
Gelegenheit, um ins Vorzimmer zu gehen. Er trifft dort Leni, die
Pflegerin des Rechtsanwalts. Diese führt ihn in das Arbeitszimmer
des Advokaten. K. bleibt eine ganze Weile bei ihr und erhält am
Schluß von ihr den Hausschlüssel. Stundenlang muß der Onkel
draußen im Regen warten, bis K. herauskommt.

Siebentes Kapitel

Advokat — Fabrikant — Maler

An einem Wintervormittag sitzt K. in seinem Büro und denkt über
seinen Prozeß nach. Er erinnert sich dessen, was der Advokat von
dem Gericht und dem Prozeßverfahren und von seiner Tätigkeit für
K. erzählt hat. Da der Prozeß schon Monate dauert, will K. selbst
eingreifen, dem Advokaten seine Vertretung entziehen, selbst eine
Eingabe ausarbeiten und alles in Bewegung setzen, was ihm für einen günstigen Verlauf seines Prozesses geeignet erscheint. Weil
er aber überhaupt nicht weiß, weshalb er angeklagt ist, wird diese
Aufgabe unerhört schwierig. Obwohl K. beruflich noch mehr erreichen will, vernachlässigt er sogar die Bankkunden. Einer dieser
Kunden, ein Fabrikant, weiß durch den Maler Titorelli von K.s Prozeß. Er gibt K. die Adresse des Malers und ein Empfehlungsschrei-
ben. K. fährt sofort zu dem Maler, der in einer Vorstadt wohnt. Es
stellt sich heraus, daß Titorelli ein Vertrauensmann des Gerichts
und Gerichtsmaler ist. Bei Titorelli gewinnt K. neue Aspekte für seine Verteidigung. Der Maler bietet sich sogar an, K. zu helfen. K.
kauft dem Maler einige Bilder ab, dann verabschiedet er sich. Da er

auf Geheiß des Malers einen etwas versteckten Ausgang aus dem Zimmer benutzt, muß er feststellen, daß sich auch auf dem Dachboden dieses Hauses Gerichtskanzleien befinden. „Gerichtskanzleien sind doch fast auf jedem Dachboden", klärt ihn der Maler auf.

Achtes Kapitel

Kaufmann Block — Kündigung des Advokaten

K. geht zum Advokaten, um ihm seine Vertretung zu entziehen. Er trifft dort auf den Kaufmann Rudi Block, der außer dem Advokaten Huld noch fünf Winkeladvokaten für sich arbeiten läßt. Block erzählt einiges über das Gericht aus seiner Sicht. Er wird vom Advokaten nur empfangen, wenn dieser in Laune dazu ist. Damit Block jederzeit zur Vorsprache bereit ist, wenn der Advokat ruft, schläft er sogar im Hause des Advokaten.

Advokat Huld, dem K. nur kurz seine Kündigung aussprechen will, verwickelt K. in ein längeres Gespräch und versucht ihn zur Aufgabe seines Vorsatzes zu überreden. Zu diesem Zweck ruft er auch Block ins Zimmer und demütigt ihn, um sich vor K. mit seiner Macht zu brüsten.

(Dieses Kapitel wurde nicht vollendet.)

Neuntes Kapitel

Im Dom

K. erhält den Auftrag, einem italienischen Geschäftsfreund der Bank einige Kunstdenkmäler zu zeigen. Schon am Morgen trifft K. den Italiener im Direktionszimmer, aber zur vereinbarten Zeit kommt der Italiener nicht in den Dom, wo die Führung beginnen soll. Auf einer kleinen Kanzel mit niedriger Deckenwölbung sieht K. eine Lampe brennen. Ein Geistlicher, der zunächst unten an der Kanzel steht, besteigt diese. Aber es bleibt dunkel und still in dem leeren Gotteshaus. K. will den Dom verlassen, da aber hört er sich bei seinem Namen gerufen. Der Geistliche winkt ihn heran, und K. eilt zur Kanzel. Dort kommt er mit dem Geistlichen, der, wie sich herausstellt, der Gefängniskaplan ist, in ein Gespräch über seinen Prozeß. K. erfährt, daß es schlecht um den Ausgang seines Prozesses stehe und daß er für schuldig gehalten wird. Dann verläßt der Geistliche die Kanzel, setzt aber die Unterhaltung fort. Er warnt K. davor, sich in dem Gericht zu täuschen. Über die Täuschung erzählt er aus den einleitenden Schriften zum Gesetz die Fabel vom Türhüter:

„Vor dem Gesetz steht ein Türhüter. Zu diesem Türhüter kommt ein Mann vom Lande und bittet um Eintritt in das Gesetz. Aber der Türhüter sagt, daß er ihm jetzt den Eintritt nicht gewähren könne. Der Mann überlegt und fragt dann, ob er also später werde eintreten dürfen. ‚Es ist möglich‘, sagt der Türhüter, ‚jetzt aber nicht.‘ Da das Tor zum Gesetz offensteht wie immer und der Türhüter beiseite tritt, bückt sich der Mann, um durch das Tor in das Innere zu sehen. Als der Türhüter das merkt, lacht er und sagt: ‚Wenn es dich so lockt, versuche es doch, trotz meinem Verbot hineinzugehen. Merke aber: Ich bin mächtig. Und ich bin nur der unterste Türhüter. Von Saal zu Saal stehen aber Türhüter, einer mächtiger als der andere. Schon den Anblick des dritten kann nicht einmal ich mehr vertragen.‘ Solche Schwierigkeiten hat der Mann vom Lande nicht erwartet, das Gesetz soll doch jedem und immer zugänglich sein, denkt er, aber als er jetzt den Türhüter in seinem Pelzmantel genauer ansieht, seine große Spitznase, den langen, dünnen, schwarzen, tartarischen Bart, entschließt er sich doch, lieber zu warten, bis er die Erlaubnis zum Eintreten bekommt. Der Türhüter gibt ihm einen Schemel und läßt ihn seitwärts von der Tür sich niedersetzen. Dort sitzt er Tage und Jahre. Er macht viele Versuche, eingelassen zu werden und ermüdet den Türhüter durch seine Bitten. Der Türhüter stellt öfters kleine Verhöre mit ihm an, fragt ihn nach seiner Heimat aus und nach vielem anderen, es sind aber teilnahmslose Fragen, wie sie große Herren stellen, und zum Schlusse sagt er ihm immer wieder, daß er ihn noch nicht einlassen könne. Der Mann, der sich für seine Reise mit vielem ausgerüstet hat, verwendet alles, und sei es noch so wertvoll, um den Türhüter zu bestechen. Dieser nimmt zwar alles an, aber sagt dabei: ‚Ich nehme es nur an, damit du nicht glaubst, etwas versäumt zu haben.' Während der vielen Jahre beobachtet der Mann den Türhüter fast ununterbrochen. Er vergißt die anderen Türhüter, und dieser erste scheint ihm das einzige Hindernis für den Eintritt in das Gesetz. Er verflucht den unglücklichen Zufall in den ersten Jahren laut, später, als er alt wird, brummt er nur noch vor sich hin. Er wird kindisch, und da er in dem jahrelangen Studium des Türhüters auch die Flöhe in seinem Pelzkragen erkannt hat, bittet er auch die Flöhe, ihm zu helfen und den Türhüter umzustimmen. Schließlich wird sein Augenlicht schwach, und er weiß nicht, ob es um ihn wirklich dunkler wird oder ob ihn nur die Augen täuschen. Wohl aber erkennt er jetzt im Dunkel einen Glanz, der unverlöschlich aus der Türe des Gesetzes bricht. Nun lebt er nicht mehr lange. Vor seinem Tode sammeln sich in seinem Kopfe alle Erfahrungen der ganzen Zeit zu einer Frage, die er bisher an den Türhüter noch nicht gestellt hat. Er winkt ihm zu, da er seinen erstarrenden Körper nicht mehr aufrichten kann. Der Türhüter muß sich tief zu ihm hinunterneigen, denn die Größenunterschiede haben sich sehr zuungunsten des Mannes verändert. ‚Was willst du denn jetzt noch wissen?' fragt der Türhüter, ‚du bist unersättlich.' ‚Alle streben doch nach dem Gesetz', sagt der Mann, ‚wie kommt es, daß in den vielen Jahren niemand außer mir Einlaß verlangt hat?' Der Türhüter erkennt, daß der Mann schon am Ende ist, und um sein vergehendes Gehör noch zu erreichen, brüllt er ihn an: ‚Hier konnte niemand sonst Einlaß erhalten, denn dieser Eingang war nur für dich bestimmt. Ich gehe jetzt und schließe ihn.'"

Zunächst nimmt K. an, der Türhüter habe den Mann getäuscht, er habe die erlösende Mitteilung erst dann gemacht, als sie dem Manne nicht mehr helfen konnte. Der Geistliche hingegen meint, der Türhüter sei nicht früher gefragt worden und habe als Türhüter seine Pflicht erfüllt. K. aber erwidert, es sei die Pflicht des Türhüters gewesen, den Mann, für den der Eingang bestimmt war, einzulassen. Der Geistliche jedoch verweist auf die beiden Erklärungen des Türhüters über den Eingang in das Gesetz: „daß er ihm jetzt den Eintritt nicht gewähren könne" und „dieser Eingang war nur für dich bestimmt". Bestände zwischen den beiden Erklärungen ein Widerspruch, dann hätte der Türhüter den Mann getäuscht; dieser

Widerstand sei aber nicht vorhanden, vielmehr sei der Türhüter sogar über seine Pflicht hinausgegangen, indem er dem Mann eine zukünftige Möglichkeit des Einlasses in Aussicht stellte. Der Türhüter habe aber streng über sein Amt gewacht, er habe Ehrfurcht vor den Vorgesetzen, er sei nicht geschwätzig und bestechlich und weder zu rühren noch zu erbittern; er sei aber auch ein wenig einfältig und ein wenig eingebildet. Der Geistliche weist außerdem noch darauf hin, daß auch der Türhüter der Getäuschte sein könne, da er ja von dem Inneren des Gesetzes gar nicht viel weiß. Der Türhüter sei dem Manne vom Lande sogar untergeordnet; denn ihn binde sein Amt an seinen Posten, während der Mann tun und lassen kann, was er will; nur der Eingang in das Gesetz sei ihm verboten. Mit der Äußerung „Man muß nicht alles für wahr halten, man muß es nur für notwendig halten" faßt der Geistliche seine Interpretation zusammen.

Zehntes Kapitel

Ende

Am Vorabend seines einunddreißigsten Geburtstages wird K. von zwei Männern abgeholt. Sie hängen sich in K. ein, so daß er ihnen nicht entweichen kann, und führen ihn aus der Stadt hinaus zu einem Steinbruch. Einer der Männer entkleidet K. Dann setzen ihn die beiden an einen Stein. Einer zieht ein langes, dünnes, beiderseitig geschärftes Fleischermesser hervor und sticht es, während der andere seine Hände an K.s Gurgel legt, K. tief ins Herz.

DIE UNVOLLENDETEN KAPITEL

Zu Elsa

Eines Tages wird K. telefonisch aufgefordert, sofort in die Gerichtskanzlei zu kommen; seine abfälligen Bemerkungen über das Gericht seien protokolliert, und mit dieser Vorladung gebe man ihm eine letzte Möglichkeit zum Einlenken. Auf K.s Frage, was geschehen werde, wenn er nicht kommt, erhält er zur Antwort, daß man ihn schon finden werde. K.s Frage, ob er mit einer Bestrafung zu rechnen hat, falls er nicht freiwillig erscheint, wird verneint. Ohne zu zögern, fährt K. zu Elsa, seiner Braut.

Fahrt zur Mutter

K. fällt es plötzlich ein, seine Mutter zu besuchen. Über die Gründe dieses Besuches ist er sich nicht recht im klaren. Er erbittet beim Direktor der Bank einen zweitägigen Urlaub. Beim Verlassen der Bank zerreißt er dem Beamten Kullich einen Brief. K. hätte ihm lieber zwei Schläge ins Gesicht gegeben; denn er weiß, sein Haß auf den dummen Kullich, den faulen Rabensteiner und den kriecherischen Kaminer ist älter, als es ihm bisher bewußt gewesen ist.

Staatsanwalt

(Anmerkung Max Brods: „Dieses Fragment hätte sich unmittelbar an das siebente Kapitel des Romans angeschlossen. Sein Beginn ist auf jenes Blatt geschrieben, das auch die Abschrift der Schlußsätze jenes Kapitels enthält.")
Vom Rechtsvertreter der Bank wird K. zu einer Stammtischgesellschaft mitgenommen, der Richter, Staatsanwälte und Advokaten angehören. Dort schließt er Freundschaft mit Staatsanwalt Hasterer. Der Bankdirektor erfährt davon.

Das Haus

Von Titorelli und Wolfahrt erfährt K. das Amt, von dem aus die erste Anzeige in seiner Sache erfolgt ist. Dieses Amt aber, so erfährt er weiter, habe nicht die geringste Bedeutung. Titorelli und K. quälen sich gegenseitig. K. will in die Reihen der Leute schlüpfen, die etwas mit dem Gericht zu tun haben, und erreichen, daß sie dann in irgendeiner Weise ihm behilflich sind. Mit solchen Hoffnungen spielt K. besonders, wenn er nach Dienstschluß auf dem Kanapee in seinem Büro liegt. In diesen Wachträumen vermischen sich Personen, die etwas mit dem Gericht zu tun haben, mit solchen, die in keiner Beziehung zum Gericht stehen. Auch Fräulein Bürstner taucht in diesen Träumen auf. (Gestrichene Stelle:) K. buhlt um Titorellis Gunst und durcheilt mit ihm das Gerichtsgebäude.

Kampf mit dem Direktor-Stellvertreter

Eines Morgens fühlt sich K. frischer und widerstandsfähiger als sonst. Er will sich deshalb mit dem Direktor-Stellvertreter messen, der sich auch in letzter Zeit immer so verhalten hat, als sei sein Verhältnis zu K. unverändert. Aber der Direktor-Stellvertreter beschäftigt sich mehr mit der Balustrade an K.s Schreibtisch als mit K.

Ein Fragment

K. versucht, seinen Onkel noch am gleichen Abend zur Abreise zu bewegen, da ihm viel daran liegt, mit F.B. zu sprechen.

— — —

ZUR INTERPRETATION DES ROMANS

1. Deutungsmöglichkeiten

Kafkas Roman „Der Prozeß" gibt dem Leser Rätsel auf. Der Leser will die Dichtung verstehen, ihren Sinn und ihre Aussage erfassen, und das ist verständlich. Aber das ist gerade bei diesem Roman so außerordentlich schwer. Schon der Stoff des Romans ist nicht ohne weiteres faßbar. Erst recht schwierig wird es bei der Frage nach dem Gehalt. So gehen denn auch in der Literaturkritik nicht nur die Meinungen über Kafkas „Prozeß", sondern auch die Deutungen dieses Werkes weit auseinander.

Wenn man schon vorsichtig ist und primitive Fragen vermeidet, wenn man also nicht fragt, was der Dichter mit diesem Werke sagen oder bezwecken wollte, sondern die Frage danach stellt, was der Dichter in diesem Roman überhaupt ausgesagt hat, selbst dann drängen sich viele und ganz verschiedene zusätzliche Fragen auf: Ist das Werk ein Protest gegen die Gesellschaft? Zeigt es die Schwachheit des Menschen im Räderwerk anonymer Mächte? Führt es in tiefe Gründe menschlichen Seelenlebens? Fragen, die nach Beantwortung drängen.

Der Leser unterliegt dabei aber nur allzu leicht der Gefahr, zu einer völlig subjektiven und nicht mehr werkgerechten Interpretation zu gelangen. Das bleibt so lange ohne Bedeutung, als der Leser in dieser Interpretation eben seine Privatmeinung sieht, die sich nicht an allgemeinen Maßstäben der Interpretation zu orientieren hat. Solcherlei subjektive Meinungen und Erlebnisse können durchaus sinnvolles Erleben einer Dichtung bezeugen. Sie sind aber nicht verallgemeinerungsfähig.

Eine andere Möglichkeit besteht darin, eine bereits vorliegende Interpretation, sofern sie einleuchtend und einigermaßen überzeugend zu sein scheint, einfach zu übernehmen. Wer gewissenhaft ist, wird freilich dann das Gefühl so leicht nicht loswerden, möglicherweise einem Irrtum aufgesessen zu sein. Die Beschäftigung mit Werkinterpretationen sollte deshalb stets mit der Rechenschaftslegung über eigene Erkenntnisse einhergehen.

Versucht man, zu einer objektiven Betrachtung und Deutung des Romans zu kommen, dann muß man feststellen, daß sich von dieser Dichtung her keine besonderen oder offenkundigen oder klar faßbaren Merkmale für eine Interpretation anbieten. Dadurch ist man geneigt, sich eigene Hilfsvorstellungen zu schaffen und sie zur Interpretationsstütze zu machen. So kann man versuchen, von der Philosophie oder von der Theologie her den Roman zu erfassen, und ihn etwa mit dem Denken Kants, Schopenhauers oder Sartres konfrontieren, man kann ihn von katholischer wie von evangelischer, aber auch von freidenkerischer Seite her betrachten oder das künstlerisch gestaltete Denkgebäude eines Lehrers der Moral, vielleicht gar d e r Lebensmoral, in ihm sehen. Da das in dem Roman geschilderte Geschehen in vielem nicht der uns bekannten Wirklichkeit entspricht, ist mancher möglicherweise geneigt, es der Welt des Traumes, des Nacht- oder auch des Wachtraumes, wie ihn Josef K. durchaus kennt, zuzuordnen.

An solcherart Versuchen der Deutung hat es in der Tat bislang nicht gefehlt. Sie sind auf alle Fälle auch leichter zu geben als die, deren Prämissen allein in der Dichtung selber liegen.

2. Die Erzählperspektive

Daß der Leser keine festen Ansatzpunkte hat, den Gehalt der Bilderwelt dieser Dichtung Kafkas zu greifen, liegt nicht zuletzt daran, daß der Horizont des Lesers sich im wesentlichen nicht mehr weitet als der Horizont der Hauptfigur. Die Erzählerperspektive bleibt also durchweg auf den Gesichtskreis der Hauptfigur beschränkt. Der Erzähler selbst bleibt verborgen; seine Sehensweise charakterisiert Beda Allemann als „voraussetzungs- und zusammenhangsfremdes Sehen".

Dem Leser wird kaum etwas vom Äußeren Josef K.s erzählt, bloß über seine Kleidung erfährt man an einigen Stellen etwas. Aber das ist auch schon alles. Das Innenleben K.s wird überhaupt nicht deutlich. Was geht in K. vor? Kaum etwas erfährt man darüber. Auf einiges kann man vom Tun K.s her schließen. Das wird ergänzt

durch ein paar stereotype Wendungen über die zunehmende Müdigkeit K.s. Das ist alles.

Die Figur Josef K. wirkt wie eine Hohlform, die angefüllt werden
kann mit Empfindungen und Gefühlen des Lesers, so daß allmählich eine unbewußte, aber durchaus starke Identifizierung des Lesers mit der Hauptfigur des Romans eintritt. Dazu trägt auch die
Tatsache bei, daß der Prozeß-Roman chronologisch abläuft. Zu
dem Geschehen des Romans gibt es im Grunde keine bedeutsame
Vorgeschichte, und zwar weder für Josef K. noch für das Gericht.
An diesem absoluten Anfang beginnt auch der Leser.

Es ließe sich durchaus auch ein anderer Verlauf der Handlung denken. Das wird im ersten Kapitel schon deutlich. Da meint Frau Grubach, als das Gespräch auf die Verhaftung K.s kommt, geheimnis-
voll: ,,Es handelt sich ja um Ihr Glück und das liegt mir wirklich am
Herzen . . .'' Da meint Josef K., wenn er auf das Ereignis vorbereitet
gewesen wäre und vernünftig gehandelt hätte, dann wäre das alles
nicht passiert. Und der Leser mag meinen, von nun an werde Josef
K. aufpassen und vernünftig handeln. Das alles läßt neue Spielmög-
lichkeiten offen und reizt, ohne daß es auffällt, den Leser dazu,
daß er sich mehr und mehr in die Person des Josef K. hineinver-
setzt.

Nun ist Josef K.s ganzes Verhalten gegenüber dem Gericht dadurch charakterisiert, daß Voreiligkeit und nachträgliche Einsicht
in die Unangemessenheit seiner Handlungsweise einander gegenüberstehen. Dieses dialektische Prinzip wird noch an manchen
Stellen des Romans deutlich werden. Hier sei erwähnt, daß es sich
in abgewandelter Form auch im Leser vollzieht. Einmal identifiziert
sich der Leser mit Josef K., ein andermal projiziert er die Erlebnis-
welt Josef K.s in sich hinein.

3. Das Gericht

Der Roman handelt von einem Prozeß, der sich vor einem unbe-
kannten und auch gar nicht der bekannten Wirklichkeit entspre-
chenden Gericht abspielt. Ähnliches findet sich in Kafkas Erzäh-

lung „Das Urteil", in einer ganz anderen Form dann im Fragment „Unterstaatsanwalt" und wieder anders gestaltet in der Erzählung „In der Strafkolonie".

Dieser Prozeß, wird man meinen, kann erst dann klar und verständlich werden, wenn man weiß, welcher Art das Gericht ist, vor dem er geführt wird. Und die Frage taucht auf, ob der Prozeß hier etwas mit einem Straf- oder einem Zivilprozeß zu tun hat oder ob es sich um eine Art freiwilliger Gerichtsbarkeit oder um besondere Gerichte, ähnlich den Verwaltungs- oder Disziplinargerichten handelt.

Das ist ja gerade das Sonderbare, daß in diesem Roman unablässig vom Gericht gesprochen wird, daß dieses Gericht aber im wesentlichen unsichtbar bleibt. Josef K. stößt bei all seinen Versuchen, sich gegen das Gericht zur Wehr zu setzen, immer wieder ins Leere. Das Gericht bleibt unangreifbar, und zwar in der Doppeldeutigkeit des Worts.

Was jeder Leser zu erfahren hofft, wie das Gericht wirklich beschaffen ist und wie denn eigentlich der Vorwurf der Anklage lautet, bleibt bis zum Schlusse offen. Was der Dichter deutlich macht, sind nicht Begriffe, sondern Bilder; sie hat der Leser zu erfassen. Deshalb sind auch Begriffe wie Anklage und Schuld, Verhaftung und Prozeß, Urteil und Strafe in diesem Roman schwer faßbar, weil sie eben nicht Wörter für Begriffe im logischen Sinne, sondern Bezeichnungen für bildhafte Vorstellungen sind.

So bleibt denn auch die Form der Wirklichkeit des Gerichts höchst eigenartig. Meint Josef K. gleich am Anfang des Geschehens (im Gespräch mit Frau Grubach), ein anderes Verhalten seinerseits hätte das ganze Geschehen, auch das Verhalten des Gerichts möglicherweise in andere Bahnen lenken können, so wird dieser an sich seltsame und eigenartige Gedankengang im Verlaufe des Geschehens mehrfach bestätigt. Es ist nämlich nicht bloß so, daß die Gerichtsorgane es sich leisten können, auf das Klingelzeichen K.s zu warten, bevor sie eingreifen, es hat sogar den Anschein, als bestimmten die Hypothesen des Josef K. die Wirklichkeit des Gerichts. Als Josef K. zu seinem ersten Besuch beim Gericht aufgefordert wird, nennt man ihm zwar den Tag, an dem er erscheinen soll, nicht aber die Stunde. Josef K. setzt von sich aus die Zeit fest, und zwar um 9 Uhr. Aber er kommt doch erst um 10 Uhr an. Nun wird ihm vom Gericht vorgeworfen, er habe sich um eine Stunde verspätet.

Ein anderes Beispiel. Auf seiner Suche nach dem Gericht greift Josef K. den Namen des Tischlers Lenz aus der Luft. Dennoch wird seine Frage nach dem Tischler Lenz an der Tür zum Verhandlungsraum positiv beantwortet.

Am Schluß des Romans erwartet Josef K. die Exekutoren im schwarzen Anzug. Allein die Erwartung scheint zu genügen, daß die Exekutoren erscheinen. Auch hier ist wieder — diesmal in der Wechselwirkung von Josef K. und Gericht — jenes bereits erwähnte dialektische Grundprinzip des Romans „Der Prozeß" zu finden.

4. Die Prozeßwelt

Es wäre nichts Ungewöhnliches, begänne der Roman mit einer polizeilichen Verhaftung. Was aber im ersten Kapitel dieses Romans Kafkas geschieht, das muß zumindest stutzig machen. Mag man zunächst die eigenartige Verhaftung und ihre Folgen als seltsam oder unwahrscheinlich ansehen, im Verlaufe der Lektüre wird immer deutlicher, daß das Wort verhaften in des Wortes ursprünglicher Bedeutung zu verstehen ist. Josef K. ist dem Gericht von dem Augenblick an verhaftet, das heißt in jener dialektischen Form an das Gericht gebunden, da es sich ihm gezeigt hat. Er selbst unterschätzt dabei zunächst diese Form des Verhaftetseins ganz gewaltig.

Eins aber mag schon aus diesem Begriff deutlich werden. Das Vokabular des Romans stammt aus dem Bereich des Gerichtswesens unserer Tage. Und darin liegt auch schon die erste Möglichkeit zu Fehlschlüssen. Über den speziellen Termini technici vergißt man die ursprüngliche Bedeutung der Wörter und ihren allgemeinen Bezug auf das Verhalten der Menschen in der Welt. Daß Kafka diesen Bezug aber durchaus sieht und auch meint, ist an einigen Beispielen leicht deutlich zu machen. So zeigen die drei Bankbeamten im ersten Kapitel bereits die enge Verflechtung von Prozeß- und Arbeitswelt, die durch den ganzen Roman erkennbar bleibt und im Prügler- und im Domkapitel besonders auffällig hervortritt. Der Gerichtsmaler Titorelli spricht es ganz unumwunden aus: „Es gehört ja alles zum Gericht." Man mag diese Äußerung Titorellis als die eines beschränkten Geistes hinstellen und ihre Gültigkeit entsprechend bezweifeln. Dafür gibt es aber andere Stellen die Fülle, die darauf hinweisen, daß ein solcher Prozeß im Leben eines Menschen — ganz plötzlich vermutlich — beginnen kann. K.s Onkel weiß aber auch ein Sprichwort: „Einen solchen Prozeß haben, heißt ihn schon verloren haben." Das bedeutet: Wer spürt, daß er in einen solchen Prozeß verwickelt ist, der wird ihn bis zum Ende seiner Tage nicht wieder los. Er kann ihn nicht hinter sich bringen, indem er ihn gewinnt und damit abschließt. Er kann ihn allenfalls in die Länge ziehen. Dennoch geht der Prozeß unablässig weiter. Am Ende steht dann der Tod. Die Frage ist deshalb ganz verständlich, ob dieser Tod nicht eben doch der Sünde Sold sei und der Roman damit eine religiöse Deutung zulasse. Gewiß. Aber dieses Religiöse sollte nicht Prämisse, es kann höchstens Ergebnis einer Gehaltsanalyse sein. Es muß auf alle Fälle dahingestellt bleiben, ob man die Tatsache, daß Josef K. bei seiner Verhaftung einen Apfel ißt, als eine mythologische Anspielung auffassen darf. Dann wäre die Verhaftung Folge eines nicht näher bezeichneten, im Apfelessen seinen Ausdruck findenden Sündenfalls, also eines Erkenntnisprozesses jedenfalls, an dessen Ende der Tod stehen muß. Ob der Prozeß dann bis zum Ende des Lebens dauert oder ob er nur eine eng begrenzte Zeitspanne umfaßt und dann endet, damit ein neuer Prozeß beginnen kann, ob sich also auch hier ein ewiges Stirb und Werde wiederholt, das zu durchdenken bleibt der Reflexion des Lesers überlassen. Auffällig ist immerhin, daß von der Verhaftung des Josef K. bis zu seinem Tod gerade die Zeitspanne eines Jahres liegt, und es regt auch zu Schlußfolgerungen an, daß nahezu jedes Kapitel dieses Romans an seinem Anfang genaue Zeitangaben bringt.

5. Täuschungen

Josef K. unterliegt in dem in diesem Roman beschriebenen Lebensjahr mancherlei Täuschungen. Lange Zeit nimmt er gar nicht wahr, daß es bei diesem Prozeß um seine ganze Existenz geht. Immerhin muß ihm klar sein, daß es sich bei der Verhaftung und beim weiteren Prozeßverlauf nicht um seltsamen Ulk oder um eine Art Geheimjustiz handelt. Sonst wäre dem Bankbeamten sicherlich der Gedanke gekommen, zur Polizei zu gehen. Das, was wir über die Umwelt des Josef K. erfahren, läßt schließlich den Schluß zu, daß es eine Polizei gegeben haben muß; denn von den Gerichtskanzleien unter den Dächern der Vorstadthäuser abgesehen, entspricht das Geschilderte durchaus einer uns vertrauten Umwelt. Das Verhalten des Josef K. wird dem Leser jedenfalls nicht recht verständlich. Ist er, der diesen Prozeß lange Zeit gar nicht so wichtig nimmt, im Inneren vielleicht doch davon überzeugt, daß er diesem Prozeß nicht entrinnen kann?

Bis zum Schluß hofft K. fortwährend auf fremde Hilfe. Er sucht bei den Frauen Unterstützung, nimmt Ratschläge und Empfehlungen von Personen an, bei denen er zweifelt, ob sie ihm überhaupt helfen können. Noch im Steinbruch meint er, der Mensch, den er am fernen Fenster sieht, könne ihn retten. K. versucht logisch zu denken und zu handeln, aber sein Denken und Tun sind im Grunde alogisch. Er, der im Berufsleben so folgerichtig zu denken und so vortrefflich zu organisieren vermochte, versagt jämmerlich, als es um seine eigene Person und um seine ganze Existenz geht. „Die Logik ist zwar unerschütterlich, aber einem Menschen, der leben will, widersteht sie nicht", heißt es deshalb mit Recht im Roman.

Josef K. begreift im Grunde bis zu seinem Ende auch nicht, worum es in diesem Prozeß geht. Er weiß deshalb auch nicht, wogegen er sich wehren könnte. Dort, wo K. immerhin hätte einiges erfahren können, nämlich beim Auskunftgeber in den Gerichtskanzleien, wird er ohnmächtig. Der Auskunftgeber „gibt den wartenden Parteien alle Auskunft, die sie brauchen, und da unser Gerichtswesen in der Bevölkerung nicht sehr bekannt ist, werden viele Auskünfte verlangt. Er weiß auf alle Fragen eine Antwort ..." K. aber kommt nicht dazu, das zu erproben; er kommt nicht dazu, das zu erfahren, was ihn wirklich interessiert, die Frage nämlich zu stellen und die Antwort darauf zu erhalten, worum es speziell in seinem Prozeß geht.

Vielfältig sind die Täuschungen, denen Josef K. unterliegt. So stellt sich beispielsweise im 8. Kapitel heraus, daß die Verwirrung, die K. beim Besuch in den Kanzleien auf dem Gesicht eines Angeklagten bemerkt hatte, nicht, wie K. meinte, darauf zurückzuführen war, daß K. den Angeklagten angesprochen hatte, sondern daß dieser Gesichtsausdruck dem Entsetzen des Angeklagten entsprang; denn er hatte auf K.s Gesicht die Zeichen einer nahen Verurteilung gesehen.

K. täuscht sich lange Zeit auch fundamental in seiner Auffassung vom Wesen des Gerichts. Sinnfälliger Ausdruck sind K.s Verhalten bei seinem ersten Erscheinen vor Gericht, seine Interesselosigkeit gelegentlich des ersten Besuchs bei dem Advokaten und der Gebrauch törichter Mittel bei den Versuchen, den Prozeß zu beeinflussen. Es geht ihm schließlich so wie dem Manne vom Lande beim Türhüter; auch der will etwas erreichen, aber der Türhüter kann es ihm nicht gestatten; so versucht er nun die Flöhe im Pelzkragen des Türhüters zu Nothelfern zu machen.

6. Rechtfertigung

Josef K. hat bald erkannt, daß er sich vor dem Gericht rechtfertigen muß. Wofür er sich aber rechtfertigen kann, das weiß er nicht. Dennoch ist er bemüht, sein eigenes Dasein zu rechtfertigen. Und so gehen Rechtfertigung und Prozeß dialektisch einher. Rechtfertigung ist nach Kafkas Ansicht notwendig: „Allerdings muß jeder Mensch sein Leben rechtfertigen können (oder seinen Tod, was dasselbe ist), dieser Aufgabe kann er nicht ausweichen", heißt es in Kafkas Oktavheften. Aber der Mensch ist ja nicht imstande, sein Leben vollkomen zu rechtfertigen. Es fehlt ihm am umfassenden Überblick, so kann schon der Versuch einer Rechtfertigung nicht umfassend sein, geschweige denn überhaupt eine mögliche Rechtfertigung. Auch erstreckt sich solcherlei Rechtfertigung meist nur auf Zurückliegendes, also nicht auf das, was noch in der Zukunft liegt.

Deshalb scheitert Josef K. in all seinen Bemühungen um eine Rechtfertigung. Grund für die Rechtfertigungsbemühungen ist der Prozeß. Aber dieser Prozeß wird von einem Gericht geführt, dessen höchste Instanz, wie Titorelli sagt, unerreichbar ist. Josef K. kann nicht erreichen, was zu seiner Rettung vorhanden ist. Die Türhütergeschichte ist nahezu formelhaftes Gleichnis für diesen Sachverhalt, wie ihn Kafka sieht. Es liegt also weder am Manne vom Lande, daß er durch die Tür nicht hindurchkommt, es liegt auch nicht an Josef K., daß er nicht zur höchsten Instanz des Gerichts vordringt, das alles ist vielmehr existentiell bedingt. Der Tod allein erscheint als einzig gültige Rechtfertigung dem Gericht gegenüber. In dieser Art Anschauung liegt auch der Grund dafür, daß Josef K. der Ansicht ist, man (oder das Gericht) erwarte nun von ihm, daß er freiwillig diese Rechtfertigung auf sich nehme, also durch Freitod aus dem Leben scheide. Die Brückenszene und die Szene im Steinbruch zeigen das ganz deutlich.

7. Die Sprachform

Es bleibt erstaunlich: So schwer der Gehalt des Werkes auch zu erfassen ist, so einfach, klar und schlicht ist andererseits die Sprache, in der es geschrieben ist. Bericht, Schilderung, Gespräch, das sind Formen der erzählerischen Darstellung, die sich wie anderswo auch bei Kafka und auch im Roman „Der Prozeß" finden. Daß der Roman Fragment blieb, mag eher im gehaltlichen als im sprachlichen Bereich liegen; doch ist letzthin nicht nachweisbar, worin der eigentliche Grund lag. Es ist kaum anzunehmen, daß das aussagemäßig nahezu Unsagbare der Grund dafür war, daß der Roman nicht fertiggestellt wurde. Das Fragmentarische des Gesamtwerks drückt sich jedenfalls im Sprachduktus des Romans nicht aus.

Man nennt Kafka oft den Meister der „erlebten Rede". Diese Stilform, im Französischen heißt sie „style indirect libre", zeigt sich darin, daß der Erzähler die Gedanken der handelnden Personen ausdrückt. Die grammatikalische Form dieser Rede ist seltener direkte Rede oder die von einem übergeordneten Verb abhängige indirekte Rede im Konjunktiv, sondern eine Zwischenform in der 3. Person im Indikativ. So heißt es, um ein Beispiel zu nennen, im 1. Kapitel des Romans „Der Prozeß": „Was waren denn das für Menschen? Wovon sprachen sie? Welcher Behörde gehörten sie an? K. lebte doch in einem Rechtsstaat . . ." Dabei ist der Abstand von der erlebten Rede zur direkten Rede in der Ich-Form nicht einmal sonderlich groß. Das zeigt sich besonders deutlich im Schlußkapitel: „Wer war es? Ein Freund? Ein guter Mensch? Einer, der teilnahm? Einer, der helfen wollte? War es ein einzelner? Waren es alle? War noch Hilfe? Gab es Einwände, die man vergessen hatte? Wo war der Richter, den er nie gesehen hatte? Wo war das hohe Gericht, bis zu dem er nie gekommen war?"

Die inneren Vorgänge werden bei der erlebten Rede nicht aus der Perspektive des Erzählers, sondern aus der Perspektive der erlebenden Person wiedergegeben. Die Verwendung der 3. Person wirkt andererseits wieder in sehr starkem Maße objektivierend. Die Unmittelbarkeit des Mitfühlens beim Leser wird durch die Eindringlichkeit dieses Erzählens verstärkt. Da die Übergänge zur erlebten Rede nicht deutlich gekennzeichnet werden müssen, sind hier feinste Nuancen der Ausdrucksweise möglich. (Man vergleiche dazu den Aufsatz von Gerhard Storz: „Über den ‚Monologue intérieur' oder die ‚Erlebte Rede'" in: Der Deutschunterricht. Stuttgart. Jahrgang 7, 1955, Heft 1, S. 41-53.)

Die Stilform der erlebten Rede ist in Kafkas Roman „Der Prozeß" nicht die durchgehende Stilform, sondern trotz ihrer auffallenden Häufigkeit nur eine unter vielen anderen Formen. Da finden sich auch Formen eines hypothetischen Indikativs: „Und hier war doch so viel zu fragen", heißt es im 7. Kapitel (statt: Und hier wäre doch so viel zu fragen gewesen.). Die Nähe dieser Stilform zur erlebten Rede ist offenkundig. Überhaupt ist der Reichtum an Stilmitteln eines der besonderen Kennzeichen dieses Romans Franz Kafkas.

8. Vor dem Gesetz

Interpretation der Parabel aus dem Kapitel „Im Dom"

Wohl nirgends in der modernen Literatur ist die Ratlosigkeit, in der uns die Lektüre eines zeitgenössischen Stückes zunächst zurückläßt, so groß wie gerade bei den Erzählungen Kafkas, und „Vor dem Gesetz" bildet dabei keine Ausnahme. Irgendwie haben wir gespürt, daß in dieser Erzählung Konkretes und Abstraktes miteinander vermischt sind, daß es wohl um die Darstellung und künstlerische Bewältigung von abstrakten Denkvorgängen geht, die vom Dichter, soweit es der Stoff irgend zuläßt, in Bildern einer uns vorstellbaren Wirklichkeit gestaltet sind; und dennoch meinen wir, damit nichts anfangen zu können.

Wir verfolgen den Text und stehen schon nach den ersten drei Wörtern vor einem großen Rätsel: „Vor dem Gesetz". Mit Gesetz kann hier unmöglich etwa ein Gesetzeswerk gemeint sein; denn davor steht nie ein Türhüter. Eher verständlich schon ist der Begriff „ein Mann vom Lande", ist doch damit sicherlich ein Mensch gemeint, der in guter Absicht kommt, dessen Wissen um das, was ihm bevorsteht, nicht sonderlich umfangreich ist, der jedenfalls bei seinem Vorhaben nicht erwartet, auf größere Schwierigkeiten zu stoßen. Hier beim Türhüter nun erfährt der Mann vom Lande, daß der ihm den Eintritt jetzt nicht gewähren könne. Erstaunlich ist die Frage des Mannes vom Lande, ob er später werde eintreten dürfen; erstaunlich insofern, weil er nicht fragte, w e s h a l b er jetzt nicht eintreten dürfe; er hatte doch angenommen, daß der Eintritt in das Gesetz jedem und immer möglich sei. Auf seine Frage, ob er denn später werde eintreten dürfen, erhält er die sehr verschwommene Antwort, daß dies möglich sei. Nochmals wird ihm aber deutlich gesagt: „Jetzt aber nicht." Erstaunlich ist auch, daß der Türhüter keine Anstalten macht, den Mann vom Eintritt in das Gesetz zurückzuhalten. Schon die Worte „Ich bin mächtig" und „Ich bin nur der unterste Türhüter" vermögen den Mann vom Lande von seinem Vorhaben abzuhalten.

Jetzt wird der Blick des Mannes vom Lande abgelenkt, abgelenkt vom Eingang, hingelenkt zum Türhüter, dessen Pelzmantel, dessen große Spitznase, dessen langer, dünner, schwarzer tartari-

scher Bart ihm irgendwie Schrecken, Furcht, zumindest aber Zurück-
haltung einzuflößen scheinen, so daß er sich der Aufforderung des
Türhüters beugt. Dennoch wird uns der Türhüter nicht als un-
menschlich beschrieben. Er bietet immerhin dem Manne vom Lande einen Schemel an, damit dieser sich seitwärts von der Tür niedersetzen kann. Aber dort sitzt er Tage und Jahre. Und es wird uns
deutlich, daß es sich hierbei nicht um einen realen, sondern um einen geistigen Vorgang handeln muß.

In dieser langen Zeit macht nun der Mann vom Lande viele Versuche, eingelassen zu werden, vermutlich in der gleichen Art, wie er
seinen ersten Versuch unternommen hatte. Es wird uns erzählt,
daß er den Türhüter durch seine Bitten ermüdete. Die Gespräche
aber, von denen uns berichtet wird, drehen sich um belanglose Din-
ge, die mit dem Eigentlichen, weshalb der Mann vom Lande hier-
hergekommen ist, nichts zu tun haben. Eine gewisse Gleichgültig-
keit des Türhüters wird deutlich aus seinen teilnahmslosen Fragen, seine Aufgabe allerdings auch aus der wiederholten Bemerkung, daß er ihn noch nicht einlassen könne. Und nun verwendet, ja
verschwendet der Mann vom Lande seine Reiseausrüstung, die
durchaus wertvoll ist und die dem Zweck dienen sollte, daß er zum
Gesetz vordringe, dazu, den Türhüter zu bestechen. Der wiederum
gibt die Aussichtslosigkeit sochen Tuns dem Mann vom Lande sofort in der Bemerkung zu verstehen: ,,Ich nehme es nur an, damit
du nicht glaubst, etwas versäumt zu haben."

Immer stärker wird der Blick des Mannes vom Lande von der Tür
abgelenkt auf den Türhüter, in einem solchen Maße, daß er sogar
die anderen Türhüter vergißt, und eine immer stärker werdende Resignation ergreift ihn. Ja, er tut ausgesprochen Banales, Unnützes,
indem er etwa die Flöhe im Pelzkragen des Türhüters beschwört,
diesen umzustimmen: Aussichtslos in unseren Augen, weil sich
der Mann vom Lande ja von seiner Aufgabe wegbegeben hat und
nunmehr seine Kräfte, die immer schwächer werden, an ein Objekt
verschwendet, das diesen Einsatz weder fordert noch deshalb ver-
dient, weil es als Mittel zum Zweck, nämlich Eintritt in das Gesetz
zu erlangen, dienen kann. Immer leuchtender bricht für ihn der
Glanz aus der Tür des Gesetzes, und immer unmöglicher wird es
Selbst also nach einer wiederholten, mit innerer Offenheit vollzoge-

ihm, Einlaß zu erhalten. Noch immer stellt der Mann vom Lande nicht die Frage, warum er denn nicht durch die Tür dürfe. An seinem Ende fragt er vielmehr, was ihm vermutlich schon seit längerem aufgefallen war, wieso es kommt, daß in den vielen Jahren hier niemand außer ihm Einlaß begehrt habe. Und eigenartig erscheint die Antwort des Türhüters, daß niemand sonst hier Einlaß erhalten konnte, da dieser Eingang nur für diesen Mann vom Lande bestimmt war. Vielleicht noch eigenartiger mag es uns erscheinen, daß der Türhüter nunmehr sagen kann, er gehe jetzt und schließe diesen Eingang.

Selbst also nach einer wiederholten, mit innerer Offenheit vollzogenen Lektüre dieser Begegnung erschließt sie sich uns noch nicht, und wir suchen nach einem Schlüssel, der uns diese Erzählung Kafkas öffnet. Dieser Schlüssel ist die Erzählung selber, in ihrer Wirkung auf uns. Auch wir stehen vor etwas. Wir stehen ratlos vor dieser Erzählung, begehren Einlaß, wollen in sie hineindringen, und da ist etwas, was in unserem Inneren sagt: Jetzt noch nicht. Und es ist auch bei uns so, daß nicht die Frage laut wird: W a r u m jetzt noch nicht?, sondern die andere, ob es denn vielleicht später einmal möglich sei, in diese Erzählung einzudringen. Wir hören in uns die Antwort: Vielleicht später, aber jetzt noch nicht. Möglicherweise konzentrieren wir dann unser Sinnen auf die Stimme, die uns abriet hineinzudringen, beobachten diese Stimme ganz genau, suchen nach Nothelfern, verschwenden unsere Energien, verschwenden sie am falschen Platze. Der Türhüter in unserer Geschichte hätte den Mann vom Lande sicherlich nicht zurückgehalten, wenn dieser den Versuch gewagt hätte, durch die erste Tür hindurchzugehen! Statt dessen glaubte der Mann vom Lande an die Macht des Türhüters, beugte sich dieser unbewiesenen Macht und stand ewig v o r der Tür.

So ist es bei der Lektüre dieser Erzählung Kafkas. Lassen wir die Stimme, die uns abhielt, in die Geschichte einzudringen, beiseite, wenden wir uns ganz der Geschichte selber zu, dann haben wir Einlaß erhalten, dann stehen wir nicht mehr dem Türhüter gegenüber, sondern haben bereits mit der Erzählung inneren Kontakt bekommen. Denn die Tür, vor der wir stehen, ist nicht für andere bestimmt, wir können nicht andere in ihrem Tun beobachten, um davon zu lernen und uns nach ihnen zu richten, sondern hier stehen wir allein dem Türhüter gegenüber, und hier liegt es allein an uns, ob wir zum Gesetz oder ob wir uns in unserem Streben dem Türhüter zuwenden wollen. Brechen wir hindurch, dann eröffnet sich mit einem Male diese Erzählung. Wir sehen nämlich, daß am Ende der Türhüter geht und den Eingang schließt, und wir erkennen, was nicht ausgesprochen, aber durchaus folgerichtig ist: Türhüter und Mann vom Lande enden im gleichen Augenblick.

Was uns also begegnet ist, sind, um das Bild Goethes zu gebrauchen, die zwei Seelen in der Brust des Menschen, ist der Widerstreit zwischen dem Wollen eines ehrlich zum Ziele strebenden Menschen und den Hemmnissen in seinem Inneren. Daraus letzthin resultiert das Scheitern unseres Mannes vom Lande, daraus resultiert auch unser eigenes Scheitern bei unseren Bemühungen, in Geheimnisse, in Unaussprechliches einzudringen. Und jetzt, nach Überwindung des ersten Türhüters dadurch, daß wir durch das Tor gegangen sind und nicht der Stimme des Türhüters gehorchten, kann es zwar kommen, daß wir noch anderen Tüthütern gegenüberstehen werden, sie erscheinen uns aber mit einem Male nicht mehr als mächtiger, es gelingt uns, mit ihnen fertig zu werden, indem wir uns um sie nicht kümmern, sondern den Weg zum Gesetz weitergehen.

Wenn wir jetzt die Geschichte noch einmal betrachten, dann plötzlich tut sie sich uns auf, und wir verstehen die Welt — oder glauben sie wenigstens zu verstehen —, die uns Kafka mit seiner Dichtung erschließt. ,,Vor dem Gesetz steht ein Türhüter." Er steht schon da, ehe der Mann vom Lande kommt. Aber der Mann vom Lande bemerkt ihn erst, als er vor dem Gesetz steht. Der Türhüter in uns ist schon da, aber wir spüren ihn und seine Macht erst dann, wenn wir mit unseren Fragen, wenn wir in unserem Denken dort anlangen, wo er steht, wenn wir also an ihm vorbeimüssen. Dann ist es wie in unserer Geschichte, daß wir Erlaubnis zum Eintreten nicht vom Türhüter erhalten können, weil er uns nie und nimmer Einlaß gewähren kann. Zum Gesetz durch das Tor, das offensteht, kann nur der gelangen, der den Schritt wagt. Wir verstehen jetzt auch, daß der Türhüter den Mann vom Lande nur deshalb zurückhalten konnte, weil der Mann an eine vorgebliche Macht des Türhüters glaubte und sich dadurch abschrecken ließ.

Wir erkennen, daß wir unsere Kraft nicht in Bestechungsversuchen erschöpfen dürfen, um ein Hindernis aus dem Wege zu räumen, das uns nur deshalb hindert, weil wir uns davor fürchten, und daß wir nicht den Türhüter zu fragen brauchen, ob wir eindringen dürfen. Er raubt uns nur mit belanglosen und teilnahmslosen Verhören die Zeit. Dann werden wir nicht die Flöhe im Pelzkragen des Türhüters zu Nothelfern machen wollen, sondern hineingehen, noch ehe wir uns mitsamt dem Türhüter in uns zum Sterben niederlegen.

Was er sich unter Gesetz dann vorstellt, bleibt dem Leser selbst überlassen. Es reicht schließlich dieser Begriff vom Kleinen zum Allerweitesten. Man kann unter Gesetz selbst diese Erzählung Kafkas verstehen. Man kann, wenn man will, unter Gesetz auch den letzten, hinter allem stehenden großen Gesetzgeber, Gott, erblicken. Was es auch sei, unser Weg dorthin führt durch viele Türen und Tore, und überall stehen Türhüter, die uns mächtig erscheinen, Türhüter in uns selber. Es liegt an uns, zu beweisen, was stärker ist: unser Streben oder jenes spürbare und wohl fast greifbare Phlegma in unserem Inneren. Der Mann vom Lande ist einer Täuschung zum Opfer gefallen. Nicht der Türhüter hat ihn getäuscht, er täuschte sich selber in dem Augenblick, als er den Türhüter bemerkte und den Mut zum Ziel verlor, den Kampf mit sich selber nicht bestand.

Die künstlerische Gestaltung dieser Parabel gelingt Kafka in eindrucksvoller Weise. In einer neuen Version entwickelt er uns das Bild von den beiden Seelen in der Brust des Menschen und gibt uns eine eigenwillige, nichtdestoweniger aber durchaus annehmbare Deutung seiner Auffassung, gibt sie mit den Mitteln des Dichters und nicht mit den Worten irgendeines Morallehrers. Wie sehr es ihm geglückt ist, seine Empfindungen, Vorstellungen und Bilder, die sein Innerstes zutiefst beschäftigen, zu beschwören, mag man daran erkennen, daß letzthin jede Deutung dieses Stückes in Richtung aufs Geistige gelenkt wird; und so sehr solches Deuten beeinflußt wird von den Erlebnissen, den Anschauungen und der Denkweise des Lesers, so erreicht Kafka doch, daß seine Vorstellungen in uns gleicherweise lebendig werden. Auf diese bekannte Tatsache, daß durch Worte in jedem Menschen andere Assoziationen wachgerufen werden, sei hier nur kurz hingewiesen. Tatsache ist, daß Kafka solche Worte und Begriffe wählt, solche Bilder vor uns entstehen läßt, die kaum, jedenfalls nicht in ihrem wesentlichen Aussagewert, die Verbindung mit anderen Vorstellungen aufkommen lassen. Wie er Abstraktes gleichnishaft in unsere Vorstellung rückt, das hat von Anfang an unsere Aufmerksamkeit auf sich gezogen und uns zum Versuch einer Deutung veranlaßt. In der Tat entspricht ja auch der Begriff „Vor dem Gesetz" uns bekannten und in der Umgangssprache anzutreffenden Wendungen. Der Mann vom Lande bittet um Eintritt in das Gesetz. Uns ist etwa der Ausdruck „Eintritt ins Himmelreich" geläufig, oder wir sprechen davon, daß die Schulentlassenen jetzt ins Leben eintreten. Auch da ist die Verbindung des Eintritts mit einem abstrakten Begriff anzutreffen. Zum Eintritt gehört die Tür, und wie sollte der Mann, der an der Tür steht, anders genannt werden als Türhüter!

Dieses Bildhafte ist beibehalten bis zum Ende der Parabel. Dazu paßt durchaus, daß man sich den Türhüter und den Mann vom Lande deutlich vorstellen kann. Wir spüren, wie des Mannes Augenlicht schwach wird und daß er am Ende stirbt. Fast plastisch und greifbar tritt die Szene vor unser geistiges Auge. Nichts mehr erscheint uns abstrakt, fast vergessen wir, daß der Mann vom Lande Monate, ja Jahre vor der Tür warten mußte. Und obwohl in dieser langen Zeit so gut wie nichts geschieht, das dichterische Bild steckt voller Bewegung und Leben.

Dabei sind Wortwahl und Satzbau weder unverständlich noch irgendwie augenfällig, beides ist geradezu schlicht und bescheiden und scheint an unser Lesevermögen keine besonderen Ansprüche zu stellen. Nichts Auffälliges gibt uns einen Anhaltspunkt, es sei denn, daß man versucht wird, an den tartarischen Bart des Türhüters irgendwelche Vermutungen zu knüpfen; aber von dorther wird man keinen Zugang zur Erzählung erhalten.

Wie in den klassischen Fabeln erzählt der Dichter knapp die sich über Jahre erstreckende Episode. Zielstrebig führt er den Leser zum Kern der Begebenheit. Und wo er im Tone des Erzählers uns Zustände beschreibt, bilden solche Schilderungen einen notwendigen Bestandteil des Wesentlichen. Das alles wird uns als durchaus wirklich vor Augen geführt, die wörtlich wiedergegebenen Äußerungen des Türhüters unterstreichen diesen Eindruck noch. Die Gefühle, Gedanken und Regungen des Mannes vom Lande jedoch erfahren wir nur aus der Beschreibung des Dichters. Sie werden durch das wiederholte satzeinleitende E r so eindrucksvoll, daß man es keineswegs als einen Mangel empfindet, den Mann vom Lande nicht sprechen zu hören. Nur einmal, am Ende, vernehmen wir seine Worte. Drückt sich darin nicht die große Einsamkeit, die erschütternde Täuschung des Mannes vom Lande aus? Was können ihm dann, so fragen wir uns, die Worte des Türhüters helfen? Ein noch so starker Wille im Manne vom Lande könnte dessen erstarrenden Körper nicht mehr beeinflussen. Ihm bleibt, wenn je etwas, nur bittere Resignation. Die ihm zuteil werdende Erkenntnis, auch wenn sie ihm selbst noch voll aufgeht, kann ihm nicht mehr helfen, weil es zu spät ist. An wen also sind dann die letzten Worte des Türhüters gerichtet, wenn sie noch Wesentliches bewirken sollen? Dem Leser nur können sie mahnende Hilfe zu der Erkenntnis sein, den einsamen Weg durch die Tür zu gehen, durch die kein Vorbild oder Geleit anderer uns hindurchbringen kann.

Kafkas Parabel „Vor dem Gesetz" scheint uns nun durchsichtig und verständlich geworden zu sein. Und doch ist es mehr als nur Lebenserkenntnis, die aus dieser Vision eines begnadeten Dichters auf uns überströmt. Dieses kleine Kunstwerk besitzt eine unerhörte Vitalität, die wir in ihrer Stärke eigentlich erst zu einem Zeitpunkt spüren, wo wir meinen, es geistig längst bewältigt zu haben.

DAS SCHLOSS

ENTSTEHUNG UND VERBREITUNG

„Von den umfangreichen Prosadichtungen Kafkas (sie sind alle drei Fragmente geblieben; doch sind zwei von ihnen, darunter auch das ‚Schloß', nahezu vollendet) wird wohl das ‚Schloß' den meisten Lesern die liebste sein. Im Gegensatz zu dem furchtbaren ‚Prozeß' herrscht in diesem einzigartigen Roman, diesem großen Märchen vielmehr, trotz aller Bangigkeit und Problematik eine Atmosphäre von Wärme und sanfter Farbigkeit, etwas von Spiel und auch etwas von Gnade; das ganze Werk vibriert leise in einer Spannung und Ungewißheit, in welcher Verzagen und Hoffnung sich wunderbar ablösen und die Waage halten. Kafkas Dichtungen haben ja alle in hohem Grad das Paradigmatische, manchmal bis zum Lehrhaften; in seinen glücklichsten Schöpfungen aber schwebt das kristallen Feste in einem malerischen, wechselreichen Licht, und manchmal gewinnt dann auch seine sehr reine, meist kühle und strenggehaltene Sprache einen Zauber — von dieser Art ist das ‚Schloß'. Auch hier geht es um Kafkas großes Problem, um die Fragwürdigkeit unserer Existenz und die Verhülltheit unserer Herkünfte und Ursachen, um die Verborgenheit Gottes, um die Brüchigkeit unserer Vorstellungen von ihm, unserer Versuche, ihn zu finden oder uns von ihm finden zu lassen. Aber was im ‚Prozeß' hart und unerbittlich war, das erscheint im ‚Schloß' beweglicher und heiterer. Wenn ein späteres Jahrzehnt die Dichtung der Zeit um 1920, diese problematische, aufgeregte, bald ekstatische, bald frivole Dichtung einer schwer erschütterten und verwundeten Generation betrachten und sichten wird, werden die Werke Kafkas neben tausend erloschenen Lichtern unter dem wenigen Überlebenden übrigbleiben." (Hermann Hesse, Gesammelte Werke. Zwölfter Band. Frankfurt a.M.: Suhrkamp 1970, S. 485-486.)

Über die Entstehungsgeschichte dieses Romanfragments ist wenig bekannt. Vermutlich im Februar 1922 hat Kafka mit der Niederschrift begonnen. Am 15. März 1922 liest er seinem Fraund Max Brod das erste Kapitel vor. Am 9. oder 10. September 1922 schreibt er an Max Brod: „... ich habe die Schloßgeschichte offenbar für immer liegen lassen müssen, konnte sie seit dem ‚Zusammenbruch‘, der eine Woche vor der Reise nach Prag begann, nicht wieder anknüpfen, obwohl das in Planá Geschriebene nicht ganz so schlecht ist wie das, was Du kennst."

Der Roman wird zunächst in der Ich-Form erzählt. In einer Revision ersetzt Kafka dann alle Ich-Formen durch die endgültige Version. Ende August/Anfang September 1922 beendet Kafka die Arbeit am „Schloß"-Roman. Trotz des umfangreichen Anhangs in den Ausgaben, die verworfene Passagen zum „Schloß" enthalten, existieren noch viele kleinere und einige größere bisher nur zum Teil veröffentlichte Abschnitte.

Das Gesamtmanuskript trägt keinen Titel. Im Gespräch habe Kafka nach Auskunft Max Brods den Roman stets als „Das Schloß" bezeichnet.

Erstausgabe

Das Schloß. Roman. München: Kurt Wolff 1926. (In dieser Ausgabe reicht der Text nur bis zum achtzehnten Kapitel. Das Fehlende enthält die zweite Ausgabe: Das Schloß. Roman. Berlin: Schocken 1935. Gesammelte Schriften, hrsg. von Max Brod in Gemeinschaft mit Heinz Politzer, Band IV.)

Taschenbuchausgabe

Das Schloß. Roman. Hrsg. von Max Brod. Frankfurt a. M.: Fischer Taschenbuch Verlag 1968. (Fischer Bücherei, 900). (243.-257. Tsd. 1979.)

Max Brod hat den Stoff dieses Romans dramatisiert; sein Stück wurde am 12. Mai 1953 im Schloßparktheater in Berlin uraufgeführt. 1969 wurde der Roman unter der Regie von M. Schell verfilmt.

ERKLÄRUNGEN VON NAMEN UND BEGRIFFEN

Barnabas: H. Politzer deutet den Namen nach Apg 4, 36 als „Sohn der Tröstung". (H. Politzer, Franz Kafka, der Künstler. A.a.O. S. 376.)

Frieda: Sie repräsentiert vorwiegend Milena Jesenská, ist aber zum Teil auch nach Besonderheiten Felice Bauers und Julie Wohryzeks gezeichnet.

Gisa: Neben Frieda und Frau Brunswick verkörpert Gisa (Gísela = Mílena) einen Aspekt Milena Jesenskás. (Nach H. Binderder, Kafka-Kommentar. A.a.O. S. 331.)

Olga: Sie trägt u. a. Züge von Kafkas Lieblingsschwester Ottla. Max Brod hielt Olga für eine Verkörperung von Kafkas zweiter Verlobten Julie Wohryzek.

am dritten Juli (15. Kapitel): Kafkas Geburtstag.

auf französisch (1. Kapitel): Französisch war zur Zeit Kafkas die Sprache vieler gebildeter Tschechen.

aus böhmischen Granaten (15. Kapitel): ein Magnesium-Ton-Granat; abgerundetes blutrotes bis schwarzes Mineral von großer Härte und schönem Glasglanz.

das Haus (8. Kapitel): Eine ausführliche Beschreibung des Gebäudekomplexes findet sich bei H. Binder, Kafka-Kommentar. A.a.O. S. 316-318.

eine alte Frau (6. Kapitel): Die Heirat von Gardena und Hans liegt über zwei Jahrzehnte zurück. Aus einer gestrichenen Passage geht hervor, daß sie bei der Heirat erst 17 Jahre alt war.

eine zittrige Frauenstimme (1. Kapitel): Gerstäckers Mutter.

einen Säugling (1. Kapitel): Hans Brunswicks Schwester Frieda.

Frau und Kind (1. Kapitel): Lüge K.s, um Mitgefühl zu erwecken. Wenig später bezeichnet sich K. selbst als unaufrichtig; Frau und Kind werden auch niemals mehr erwähnt.

Gabelfrühstück (13. Kapitel): Ausdruck für eine leichte Zwischenmahlzeit am späten Vormittag.

Holzschaff (1. Kapitel): ein Bottich, der sonst zum Gerben benutzt wird.

ich habe ... : doch scheint ein Heim (15. Kapitel): „scheinen" wird hier vom trügerischen äußeren Bild gebraucht, dem keine Wirklichkeit entspricht.

inappellabel (9. Kapitel): veraltet für: keine Möglichkeit mehr bietend, ein Rechtsmittel einzulegen.

Kastellan (1. Kapitel): Schloßvogt, Schloßaufseher, Hausmeister.

Kasten (20. Kapitel): in Prag Ausdruck für Kleiderschrank.

langsam denkender Mann (1. Kapitel): der Gerbermeister Lasemann.

Ottomane (20. Kapitel): im 18. Jh. übliche Bezeichnung für eine sofaähnliche Sitzbank mit abgerundeten, gepolsterten Armlehnen und niedriger Rückenlehne.

sie begann selbst gleich zu erzählen (20. Kapitel): „Kafka ist bestrebt, die Mittelbarkeit der Aussage über längere Strecken hinweg ohne coniunctivus obliquus darzustellen. Die indirekte Rede wird dabei nur durch eine Änderung des Personenbezugssystems angedeutet. Weil dabei aber das Personalpronomen ‚sie' doppeldeutig würde (Pepi setzt sich fortwährend mit Frieda auseinander), setzt Kafka, um Verwechslungen zu vermeiden, für die Sprecherin ‚Pepi'. Der komische Nebeneffekt, der dadurch entsteht, mag ihm erwünscht gewesen sein." (H. Binder, Kafka-Kommentar. A.a.O. S. 367-368.)

sondern (13. Kapitel): trennen, unterscheiden.

Tor (8. Kapitel): in Prag gleichbedeutend mit Tür.

vor einer Woche (15. Kapitel): Das geschilderte Ereignis liegt nur drei Tage zurück.

INHALTSANGABE

Das erste Kapitel

An einem späten Winterabend trifft der Landvermesser K. in einem
am Fuße eines Schlosses liegenden ärmlichen Dorfe ein. Er findet
im Wirtshaus „Zur Brücke" ein notdürftiges Nachtlager. Bauern
stören seinen Schlaf; Schwarzer, der Sohn des Schloßkastellans,
fragt ihn nach der gräflichen Aufenthaltserlaubnis. K. sagt, er sei
vom Grafen Westwest als Landvermesser gerufen worden, aber er
vermag das nicht zu beweisen. Eine telefonische Rückfrage
Schwarzers im Schloß bringt zunächst keine Bestätigung der Be-
hauptung K.s; wenig später jedoch wird sie auch zum Erstaunen
K.s akzeptiert.

Am nächsten Tag macht sich K. zum Schloß auf, das er beim Nä-
herkommen als „ein recht elendes Städtchen, aus Dorfhäusern zu-
sammengetragen" erkennt. Aber er erreicht das Schloß nicht.
Wenn die Straße „sich auch vom Schloß nicht entfernte, so kam sie
ihm doch auch nicht näher". In einem tiefverschneiten Gäßchen
betritt er eine Bauernhütte, versucht, seine Müdigkeit zu überwin-
den, und wird vom Fuhrmann Gerstäcker ins Wirtshaus zurückge-
bracht.

Das zweite Kapitel

Obwohl im Dorf kein Landvermesser gebraucht wird, bekommt K.
vom Schloß zwei Gehilfen zugewiesen: Artur und Jeremias. Beide
verstehen allerdings von Landvermessung nichts, und Arbeit erhält
K. auch nicht. In einem Telefongespräch mit dem Schloß erfährt K.,
daß er nie ins Schloß kommen dürfe. Der Bote Barnabas überbringt
ihm von Klamm, dem Vorstand der X. Kanzlei, einen Brief: K. wird
dem Gemeindevorsteher des Dorfes unterstellt, die bereitwillige Er-
füllung seiner Wünsche wird ihm zugesagt. Mit Barnabas bricht K.
auf, sie kommen in dessen Haus, von wo ihn Olga, eine Schwester
des Barnabas, in den Herrenhof, ein Wirtshaus, führt.

Das dritte Kapitel

Im Herrenhof, wo gelegentlich Beamte vom Schloß residieren, übernachtet Klamm, K.s Vorgesetzter. K. beobachtet ihn heimlich durch ein Guckloch in der Tür. Friede, Geliebte Klamms und Schankmädchen im Herrenhof, vertreibt Olga und die anderen Gäste aus der Wirtsstube und gibt sich in der Nacht K. hin. Am folgenden Tag verläßt sie den Herrenhof und zieht zu K. ins Wirtshaus „Zur Brücke".

Das vierte Kapitel

Frieda und K. verbringen den nächsten Tag gemeinsam im Zimmer. Der hinzugekommenen Wirtin versichert K. in Anwesenheit seiner beiden Gehilfen, daß er Frieda heiraten wolle. Er hat deshalb vor, mit Klamm zu sprechen. Dieses Vorhaben wird jedoch von der Wirtin als unmöglich bezeichnet. K. bricht mit seinen Gehilfen zu Klamm auf.

Das fünfte Kapitel

Zunächst geht K. zum Gemeindevorsteher, von dem er erfährt, daß er zwar als Landvermesser aufgenommen worden sei, daß man aber gar keinen Landvermesser brauche. Ausführlich schildert der Vorsteher die Arbeitsabläufe in der Schloßverwaltung und im Gemeinderat, besonders die Tätigkeit des wegen seiner Gewissenhaftigkeit berühmten Referenten Sordini, und versucht eine Erklärung dafür zu finden, warum K. nicht erfahren hat, daß er gar nicht gebraucht werde.

Das sechste Kapitel

Nach seiner Rückkehr ins Wirtshaus „Zur Brücke" erfährt K. in einem Gespräch mit Gardena, der Wirtin, daß auch sie früher eine

Geliebte Klamms gewesen sei und wie es zu ihrer Ehe mit Hans und der Übernahme der Gastwirtschaft gekommen ist.

Das siebte Kapitel

Der Lehrer sucht K. auf und teilt ihm im Auftrag des Vorstehers mit, daß dieser ihm vorläufig die Stelle eines Schuldieners anbiete. K. lehnt zunächst ab, wird aber dann von Frieda zur Annahme dieser Stelle überredet, weil sie dort in einem Schulzimmer wohnen können und inzwischen auch schon von der Wirtin aufgefordert worden seien, das Gasthaus zu verlassen.

Das achte Kapitel

K. macht sich zu Klamm auf. Im Herrenhof trifft er Pepi, die Nachfolgerin Friedas. Draußen im Hofe wartet er vergeblich auf Klamm. Er begegnet nur Momus, dem hiesigen Sekretär Klamms.

Das neunte Kapitel

Während K. in der Gaststube weilt, verläßt Klamm den Herrenhof. Von Momus wird K. aufgefordert, einige Fragen zu einem Protokoll über diesen Nachmittag zu beantworten. Dieses Protokoll sei die einzige Verbindung zu Klamm; es werde aber von ihm mit Sicherheit nicht gelesen. K. läßt sich nicht verhören. (In einer von Kafka gestrichenen Stelle erfährt K. vom Inhalt des 10. Blattes aus diesem Protokoll.)

Das zehnte Kapitel

Nachdem K. den Herrenhof verlassen hat, begegnet er Barnabas, der ihm einen Brief von Klamm übergibt. Darin dankt ihm Klamm für die bereits ausgeführten Landvermesserarbeiten und drückt seine Zufriedenheit mit K. und den Gehilfen aus. K. gibt Barnabas den Auftrag, Klamm um eine Besuchserlaubnis für K. zu ersuchen.

Das elfte Kapitel

Mit Frieda und den beiden Gehilfen verbringt K. seine erste Nacht im Schulhaus.

Das zwölfte Kapitel

Am nächsten Morgen schlafen K., Frieda und die Gehilfen noch, als die Schule beginnt. Es folgen schwere Auseinandersetzungen des Lehrers und der Lehrerin mit K. Da K. in der vergangenen Nacht den Schuppen aufgebrochen hat, um Holz zum Heizen holen zu lassen, wird ihm vom Lehrer fristlos gekündigt. K. verläßt jedoch das Schulhaus nicht.

Das dreizehnte Kapitel

K. entläßt die Gehilfen, da sie seinen Anordnungen kaum folgen und Frieda nachstellen. Frieda schlägt K. vor auszuwandern; sie will Klamm entgehen. K. lehnt ab. Als sich ihm der Schüler Hans Brunswick anbietet, ihm gegenüber dem Lehrer zu helfen, wendet K. das Gespräch in eine andere Richtung: Er will der kränklichen Mutter von Hans Brunswick helfen, weil er darin ein Chance sieht, zum Schloß zu gelangen. Darüber kommt es zwischen Frieda und ihm zu einer ernsten Meinungsverschiedenheit. Der später hinzukommende Lehrer sieht seine früher ausgesprochene Kündigung K.s selber als unwirksam an.

Das vierzehnte Kapitel

K. wartet noch immer auf eine Nachricht von Klamm, die zu holen er Barnabas beauftragt hat. Er geht deshalb am Nachmittag dieses Tages in das Haus des Barnabas, trifft aber dort nur auf dessen Schwestern Amalia und Olga und deren Eltern. Barnabas ist noch nicht vom Schloß zurückgekehrt.

Das fünfzehnte Kapitel

K. ist mit Olga allein im Zimmer zurückgeblieben. Wie sie ihm über Barnabas und Klamm erzählt, läßt sein Vertrauen zu ihr wachsen.

Amalias Geheimnis

Olga erzählt, wie die Familie im Dorf in Verruf gekommen ist. Es ist vor drei Jahren auf einem Fest der Feuerwehr gewesen. Sortini, ein großer Beamter im Schloß, der sehr zurückgezogen lebt und den meisten fremd ist, ist ihr damals zum ersten und einzigen Male begegnet. Ihr Anblick muß ihn ergriffen haben. Am nächsten Morgen hat er ihr einen Brief geschickt und sie mit gemeinen Ausdrücken aufgefordert, sofort zu ihm in den Herrenhof zu kommen. Amalia hat den Brief sogleich zerrissen und die Fetzen dem Boten ins Gesicht geworfen.

Amalias Strafe

Frieda hat den Boten gehen und kommen sehen und verbreitet nun die Geschichte mit dem Brief. Schon am Tage danach wenden sich alle Dorfbewohner mit Verachtung von der Familie ab: Lasemann, der früher enge Freundschaft gehalten hat, kommt nur noch ein einziges Mal und auch nur für einen kurzen Augenblick; Brunswick, bislang Geselle bei Olgas Vater, macht sich selbständig; die Kundschaft holt die zur Reparatur gebrachten Stiefel in unfertigem Zustand ab; der Vater selbst wird aus dem Feuerwehrverein ausgeschlossen. Die Familie muß ihr Haus verlassen; Brunswick bewohnt es jetzt. Sie bekommt eine Hütte zugewiesen. Amalia hat an jenem Morgen die Führung der Familie übernommen; sie hält diese Führung durch beharrliches Schweigen fest.

Bittgänge

Jeder aus der Familie unternimmt nun verzweifelte Bittgänge zum Schloß, um Vergebung zu erlangen. Aber jeder muß hören, daß vom Schloß gegen die Familie nichts vorliege, also auch nichts zu verzeihen sei. Der Vater kommt auf die Idee, alles zu verkaufen, um damit die Ämter zu bestechen; erfolglos bleibt sein Bemühen. Eine Zeitlang versucht er am Straßenrand die Beamten des Schlosses, wenn sie in ihren Wagen vorbeifahren, auf sich aufmerksam zu machen, bis er erkrankt und seine Bittgänge für immer aufgeben muß.

Olgas Pläne

Olga versucht durch stellvertretende Demut und Selbstpreisgabe alles wiedergutzumachen. Mehrmals wöchentlich läßt sie sich in der Nacht mit den Dienern im Stall des Herrenhofs ein; sie hofft, entweder den Boten zu finden, der seinerzeit zu Amalia gekommen ist, oder daß man dies im Schloß bemerkt, ihren Einsatz für die Familie zur „Wiedergutmachung der Beleidigung des Botens" anerkennt und zu einem milderen Urteil kommt. Ihren Bruder Barnabas bietet sie dem Schloß als neuen Boten an, damit durch ihn die Arbeit des beleidigten Boten erledigt und etwas zum Wohle der Familie erreicht werde.

Das sechzehnte Kapitel

K. verläßt Olga erst spät in der Nacht. Draußen erfährt er von seinem Gehilfen Jeremias, der bereits im Barnabasschen Hause nach ihm gefragt hat, daß beide Gehilfen, einst von Galater beauftragt, ihren Dienst im Schloß aufgesagt haben. Artur ist schon ins Schloß zurückgekehrt, Jeremias hat einstweilen als Zimmerkellner im Herrenhof Arbeit gefunden. Frieda ist wieder als Schankmädchen in den Herrenhof zurückgekehrt, weil K. bei den Barnabasschen war.

Während K.s Gespräch mit Jeremias kommt Barnabas vom Schloß zurück und überbringt K. die Aufforderung Erlangers, eines der Sekretäre Klamms, sofort zu ihm in den Herrenhof zu kommen.

Das siebzehnte Kapitel

K. wird zusammen mit Gerstäcker, der wegen der Vergabe der Fuhren für den Bau eines Wartegebäudes gekommen ist, von einem Diener vor das Zimmer Erlangers geführt. Da Erlanger schläft, dürfen sie nicht eintreten.

Das achtzehnte Kapitel

Im Gang trifft er Frieda, die ihm mitteilt, daß sie ihn nicht heirate, weil er bei Barnabas gewesen sei; sie lebt jetzt mit Jeremias zusammen. Von ihr alleingelassen, betritt er ein Zimmer und trifft dort auf den Sekretär Bürgel, der ihm einiges über Nachtverhöre erzählt, wie sie im Herrenhof üblich sind. Bürgel macht K. auch darauf aufmerksam, daß er ihm helfen wolle, aber K. schläft ein. Ein Klopfen an der Wand weckt ihn. Erlanger ist es, der K. auffordert, er möge endlich herüberkommen.

Das neunzehnte Kapitel

Erlanger fordert K. auf, Frieda freizugeben. K., noch immer müde, beobachtet danach im Gang die Diener, wie sie an den Türen Akten verteilen. Daß sich K. unbefugterweise so lange im Gang aufhält, ruft den Unwillen der Beamten hervor. Der Wirt befreit ihn aus dieser ihm unverständlichen Situation. Im Ausschank schläft K. sofort ein.

Das zwanzigste Kapitel

Weit mehr als zwölf Stunden schläft K. in der Wirtsstube. Als er erwacht, ist Pepi bei ihm und erzählt von ihrem und dem Los der Zimmermädchen, ihrem erhofften Aufstieg und der bevorstehenden Rückkehr in den Dienst als Zimmermädchen. Sie lädt K. ein, mit zu ihr, Henriette und Emilie ins Zimmer zu ziehen.

Hier bricht das Fragment ab. Max Brod hat im „Nachwort zur ersten Ausgabe" den geplanten Fortgang so skizziert: „Ein Abschlußkapitel hat Kafka nicht geschrieben. Doch hat er es mir einmal auf meine Frage, wie der Roman enden würde, erzählt. Der angebliche Landvermesser erhält wenigstens teilweise Genugtuung. Er läßt in seinem Kampfe nicht nach, stirbt aber vor Entkräftung. Um sein Sterbebett versammelt sich die Gemeinde, und vom Schloß langt eben die Entscheidung herab, daß zwar ein Rechtsanspruch K.s, im Dorfe zu wohnen, nicht bestand — daß man ihm aber doch mit Rücksicht auf gewisse Nebenumstände gestatte, hier zu leben und zu arbeiten."

ZUR INTERPRETATION DES ROMANS

1. Der einzelne und die Gemeinschaft

„Der Kampf zwischen freier Selbstbestimmung und den vorgegebenen Lebens- und Bewußtseinsmächten der irdischen Weltorganisation erhält im Roman ‚Das Schloß‘ einen neuen Akzent: Während im Roman ‚Der Prozeß‘ die Frage nach der absoluten Rechtfertigung im Mittelpunkt stand und konsequent zur fortschreitenden Vernichtung aller konkreten Lebens- und Berufsgrundlagen bis zur Vollstreckung des Selbstgerichts führte, geht es umgekehrt im Roman ‚Das Schloß‘ um das Problem, ob und wie es möglich ist, innerhalb der gegebenen Daseinsmächte konkret und zugleich frei zu existieren.

Entsprechend sind die Ausgangspositionen der Helden beider Romane entgegengesetzt gestaltet. Josef K. im ‚Prozeß‘ befindet sich zu Beginn des Romans in einer gesicherten, bürgerlich angesehenen beruflichen Position, die dann fortschreitend unterhöhlt wird. K. im Roman ‚Das Schloß‘ dagegen ist ein ‚Fremder‘ ohne Aufenthaltsgenehmigung und ohne ein definitives, eindeutig formuliertes Recht, seinen Landvermesserberuf auszuüben. Er hat ‚Frau und Kind‘ verlassen, große ‚Opfer‘ gebracht, ‚um von zu Hause fortzukommen‘, eine ‚lange, schwere Reise‘ unternommen, befindet sich in ‚vollständiger Vermögenslosigkeit‘ und sieht keine Möglichkeit, ‚wieder eine andere entsprechende Arbeit zu Hause zu finden‘. Er lebt also sofort zu Beginn in einer sozial bodenlosen Existenz.

Daraus ergibt sich ein doppelter, nur scheinbar widerspruchsvoller ‚Kampf‘. Einerseits will K. Boden und Unterkunft gewinnen, was nur durch Bindungen möglich ist, andererseits will er seine freie Selbstbestimmung behaupten.“ (Wilhelm Emrich, Franz Kafka. Frankfurt a. M., Bonn: Athenäum [7]1970, S. 298.)

„Mit unzulänglichen Mitteln hat Josef K. sich aufgelehnt; der namenlose K. im Roman ‚Das Schloß‘ lehnt sich nicht mehr auf, sondern ist nur bemüht, kein Ausgestoßener zu sein, aufgenommen zu werden, der Gemeinschaft des Schlosses anzugehören ... Das

Schloß ist unerreichbar ... Die Welt des Schlosses ist eine böse Welt ... Die ‚Mächte', denen K. hilflos gegenübersteht, werden als böse, korrupt, widermenschlich charakterisiert. Doch wehe jedem, der sich nicht unterwirft!

Die Familie Barnabas, an welche der Fremdling K. gerät, ist geächtet. Der mächtige Bürokrat Sortini fand an Amalia, einer Schwester des Barnabas, Gefallen. Er schrieb ihr einen Brief, in dem er sie mit den gemeinsten Ausdrücken aufforderte, sofort zu ihm zu kommen. Das Mädchen zerriß den Brief und warf dem Boten die Fetzen ins Gesicht. Damit, erzählt ihre Schwester Olga dem K., ‚war der Fluch über unsre Familie ausgesprochen'. Seither wird die Familie Barnabas wirtschaftlich und gesellschaftlich zugrunde gerichtet. Das Schrecklichste daran ist, daß alles wie von selber geschieht, ohne greifbare Entscheidung, durch unsichtbares Spiel im Hintergrund ...

In solcher Situation beginnt sich alles zu pervertieren. Der Vater, der ja die Herrschaft des Schlosses nicht verneint, sondern grundsätzlich anerkennt, sucht nun selber nach seiner ‚Schuld', die, so meint er, vor ihm geheimgehalten wird, wünscht in der Unbestimmtheit seines Schuldbewußtseins sich selbst zu bezichtigen, wartet auf der Landstraße in Frost und Elend auf vorbeifahrende Beamte, fällt in Krankheit und siecht dahin. Kafka hat den äußeren und inneren Zustand des schuldlos aus einem Kollektiv Verdrängten, der jede Schuld auf sich zu nehmen bereit ist, wenn er nur zurückkehren und dadurch gesellschaftlich existieren darf, mit beunruhigender Präzision gestaltet. K. erfährt zur Genüge, wie schändlich das bürokratische System des Schlosses ist, weiß aber auch, welcher Verlassenheit der einzelne ausgeliefert ist, wenn er nicht ‚dazugehört', und will somit um jeden Preis dazugehören. Lieber die schlimmste Gemeinschaft als keine! Lieber Kapitulation als Einsamkeit! Das ist die Haltung des K. vor den Toren des Schlosses, eine verzweifelte Haltung, die künftiges Verhängnis ankündigt." (Ernst Fischer, Franz Kafka. In: Sinn und Form. Berlin. 14, 1962, S. 531-532.)

Aus einer ganz anderen Perspektive charakterisiert Kafka den Kampf K.s in einem später gestrichenen Fragment aus dem Protokoll des Dorfsekretärs Momus:

„Der Landvermesser K. mußte zunächst danach streben, sich im Dorfe festzusetzen. Das wir nicht leicht, da niemand seine Arbeit brauchte, niemand, abgesehen vom Brückenhofwirt, den er überrumpelt hatte, ihn aufnehmen wollte, niemand, von einigen Scherzen der Herren Beamten abgesehen, sich um ihn kümmerte. So trieb er sich scheinbar sinnlos herum und tat nichts als den Frieden des Ortes stören. In Wirklichkeit aber war er sehr beschäftigt, er lauerte auf eine Gelegenheit für sich und fand sie bald. Frieda, das junge Ausschankmädchen im Herrenhof, glaubte seinen Versprechungen und ließ sich von ihm verführen . . .

Es ist klar, daß der Landvermesser Frieda nicht liebt und nicht aus Liebe sie heiraten wird, er weiß recht wohl, daß sie ein unansehnliches, tyrannisches Mädchen, überdies mit übler Vergangenheit ist, er behandelt sie auch demgemäß und treibt sich herum, ohne sich um sie zu kümmern. Das ist der Tatbestand. Er könnte nun in verschiedener Weise gedeutet werden, so daß K. als ein schwacher oder ein dummer oder ein edelmütiger oder ein lumpiger Mensch erschiene. Das alles trifft aber nicht zu. Zur Wahrheit gelangt man erst, wenn man genau in seinen Spuren, die wir, von der Ankunft angefangen, hier aufgezeigt haben, bis zur Verbindung mit Frieda geht. Hat man dann die haarsträubende Wahrheit gefunden, muß man sich freilich auch noch gewöhnen, sie zu glauben, aber es bleibt nichts anderes übrig.

Nur aus Berechnung schmutzigster Art hat K. sich an Frieda herangemacht und wird nicht von ihr lassen, solange er noch irgendwelche Hoffnung hat, daß seine Rechnung stimmt. Er glaubte nämlich in ihr eine Geliebte des Herrn Vorstandes erobert zu haben und dadurch ein Pfand zu besitzen, das nur zum höchsten Preise ausgelöst werden kann. Über diesen Preis mit dem Herrn Vorstand zu verhandeln, ist jetzt sein einziges Streben. Da ihm an Frieda nichts, am Preis alles liegt, ist er hinsichtlich Friedas zu jedem Entgegenkommen bereit, hinsichtlich des Preises aber gewiß hartnäckig . . .“ (Max Brod, Nachwort zur ersten Ausgabe. In: Franz Kafka, Das Schloß. Frankfurt a. M.: Fischer Taschenbuch Verlag 1979, S. 351.)

2. Das gesellschaftliche Problem

„Der feudalistischen Welt des ‚Schlosses‘ entsprechende ökonomische Abhängigkeitsverhältnisse bestehen zwischen den Vertre-
tern der Schloß-Autorität und den Dorfbewohnern. Anmaßung auf
der einen Seite und Unterwürfigkeit auf der anderen bestimmen
das Verhalten der beiden ‚Klassen‘ zueinander. Eine Auflehnung
der Dorfbewohner gegen die Schloß-Autorität gibt es — außer in
Form des verinnerlichten Protestes der Amalia — nicht. Die Art der
‚Opposition‘, wie sie ein Mann wie Brunswick vertritt, richtet sich
nicht gegen die Herrschaft des Schlosses, sondern hat nur eine
Umverteilung der Besitzverhältnisse im Dorf zugunsten der ‚Oppo-
nierenden‘ zum Ziel. Das Zimmermädchen Pepi erwartet von K., er
könne so etwas wie ein ‚Mädchenbefreier‘ werden, verspricht sich
aber von K. durchaus nicht eine allgemeine Auflösung der Abhängigkeitsverhältnisse in der Dorf-Schloß-Welt, sondern nur einen
‚Mann als Helfer und Schutz‘ ... Daher ist festzuhalten, daß derlei
Umstürzlertum, wenn man dergleichen wirklich in dem Kampf K.s
sehen will, nichts mit Revolution im Sinne des Marxismus zu tun
hat; und ebensowenig hat die Schilderung der Tyrannei eines aus-
ufernden Beamtentums, dem die Bürokratie des kaiserlichen
Österreich der Jahrhundertwende die Anschaulichkeit lieh, etwas
mit konkreter, auf politische Veränderung abzielender Kritik am System des Spätfeudalismus bzw. Frühkapitalismus zu tun. Vielmehr
werden die der zeitgenössischen gesellschaftlichen Empirie ent-
nommenen Motive, ihrer geschichtlichen Dynamik beraubt, in einen fiktiven Weltzusammenhang eingebaut, in dem das Individuum
mit seinem subjektiven Rechtfertigungs- bzw. Erlösungsstreben
dominiert." (Dietrich Krusche, Kafka und Kafka-Deutung: Die problematisierte Interaktion. München: Wilhelm Fink 1974, S. 114 und
115.)
„Die Dorfbewohner handeln (mit Ausnahme Amalias) gemäß der
sozialpsychologischen Regel, nach der in autoritären Gesellschaf-
ten die Unterdrückten sich durch Identifikation mit dem Aggressor
selbst zu beherrschen gelernt haben und Fremde, Außenseiter,
Normbrecher (Barnabas-Familie) ächten.

Dies ist der Aspekt der Selbststeuerung der Herrschaft: um sich vor den Peinigern zu schützen, unterwirft sich der Ohnmächtige zuvorkommend der Macht, der er doch entgehen will. Der Preis ist die Zerstörung einer humanen Vernunft ...

Damit zeichnet sich das Grundschema der Kafkaschen Welt ab. Der Einzelne erscheint immer im Zustand der Ohnmacht gegenüber der Allmacht der Institution. Doch ist er emotional auf diese fixiert: sowohl in der Angst, von ihr zerstört, wie in der Sehnsucht, von ihr aufgenommen zu werden. Diese Ambivalenz entspricht soziologisch der Stellung des Subjekts in den industriellen und bürokratischen Superorganisationen der modernen Gesellschaft: diese bekommen projektiv Züge einer Allmacht, die sich im Subjekt ambivalent als Angst vor Selbstverlust sowohl wie Sehnsucht nach Versorgtwerden äußert." (Hartmut Böhme, Geschichte und Gesellschaft im bürgerlichen Roman. In: Sozialgeschichte der deutschen Literatur von 1918 bis zur Gegenwart. Frankfurt a.M.: Fischer Taschenbuch Verlag 1981, S. 282-283.)

3. Biographische Deutungen

„Von allen umfassenderen, ja universal-religiösen Horizonten abgesehen, die ‚Das Schloß' *außerdem* bietet, darf dieser biographische Vordergrund nicht vernachlässigt werden ... Im Roman vom ‚Schloß' kann man die Liebesbeziehung Kafkas zu Milena mit seltsamer Skepsis und in pejorativer Weise widergespiegelt finden, eine eigenartige heftige Deformation der Geschehnisse, die vielleicht allein ihn aus der Krise retten konnte. Milena, im Roman in höchst karikierter Gestalt als ‚Frieda' auftretend, tut entscheidende Schritte, um Kafka (K.) zu retten; sie verbündet sich mit ihm, begründet mit ihm einen Hausstand in Armut und Entsagung, aber fröhlich und entschlossen, sie will für immer die Seine sein und ihn gerade dadurch in die Naivität und Unmittelbarkeit des wahren Lebens zurückführen, — aber sowie K. einschlägt, die dargebotene Hand ergreift, melden sich die früheren Bindungen, die die Frau beeinflussen (das ‚Schloß', das Volkstum, die Gesellschaft, vor allem aber der geheimnisvolle Herr Klamm, in dem man ein übersteigertes und dämonisiertes Schreckbild des legalen Gatten zu sehen hat, von dem Milena innerlich nicht loskam), das erträumte Glück findet ein rasches Ende, da K. für Halbheiten nicht zu haben ist und seine Frieda als Ehefrau für sich allein haben will, ohne daß sie ständig von den Sendboten des ‚Schlosses', den rätselhaften Gehilfen, und von Klamm beherrscht wird. Sie aber verrät ihn, wendet sich zur Sphäre des ‚Schlosses' zurück, aus der sie kam. Es wird klar, daß in K. der Wille zur integralen Rettung weit kompromißloser aufgeflammt ist als in Frieda, die sich mit einer Art Strohfeuer begnügt oder doch zu rasch der Enttäuschung Raum gibt. Mündlich hat Milena mir mitgeteilt, daß ihr Mann, als er erfuhr, daß Kafka sein Rivale sei und sie heiraten wolle, sich aufs neue für sie zu interessieren begann." (Max Brod, Franz Kafka. Eine Biographie. Frankfurt a. M., Hamburg: Fischer Bücherei 1963, S. 232-233.)

„Die Bindung des Werks an die Individualität des Autors geschieht so gut wie ausschließlich über die jeweilige Vordergrundsfigur, die meistens zugleich Aspektfigur ist.

So kann kein Leser Kafkas übersehen, daß der Name der ‚Helden' aller drei Romane über ihren Anfangsbuchstaben (Karl Roßmann in ‚Amerika', Josef *K.* im ‚Prozeß', *K.* im ‚Schloß') auf den Namen Kafka verweisen. Dieser Hinweis gewinnt dadurch an Wirksamkeit, daß in den beiden späteren Werken nur noch die Abkürzung des Namens des ‚Helden' für den Namen steht, somit durch keinerlei Parallelbildung (wie noch bei Karl Roßmann) die Deutekraft der Chiffre K. eingeschränkt wird." (Dietrich Krusche, Kafka und Kafka-Deutung: Die problematisierte Interaktion. München: Wilhelm Fink 1974, S. 69.)

4. Theologische Deutungen

„Ohne speziellere Deutungen auszuschließen, die vollständig richtig sein mögen, aber von dieser umfassendsten eingehegt sind wie die inneren Schalen einer chinesischen Schnitzerei von ihrer äußersten Schale — dieses ‚Schloß', zu dem K. keinen Zutritt erlangt, dem er sich unbegreiflicherweise nicht einmal richtig nähern kann, ist genau das, was die Theologen ‚Gnade' nennen, die göttliche Lenkung menschlichen Schicksals (des Dorfes), die Wirksamkeit der Zufälle, geheimnisvollen Beschlüsse, Begabungen und Schädigungen, das Unverdiente und Unerwerbliche, das ‚Non liquet' über dem Leben aller. Somit wären im ‚Prozeß' und im ‚Schloß' die beiden Erscheinungsformen der Gottheit (im Sinne der Kabbala) — Gericht und Gnade — dargestellt.

K. sucht die Verbindung mit der Gnade der Gottheit, indem er sich im Dorf zu Füßen des Schlosses einzuwurzeln sucht — er kämpft um eine Arbeitsstellung in einem bestimmten Lebenskreis, durch Berufswahl und Heirat will er sich innerlich befestigen, will als ‚Fremder', also von isolierter Position aus, als einer, der anders ist als alle andern, das erringen, was dem Dutzendbürger gleichsam von selbst, ohne besondere Anstrengung und ohne Überlegung in den Schoß fällt." (Max Brod, Nachwort zur ersten Ausgabe. In: Franz Kafka, Das Schloß. Frankfurt a. M.: Fischer Taschenbuch Verlag 1979, S. 349.)

„Die zwei Welten, die bei Kafka nie einander verstehen können — ... die universellen Weltbehörden und K. (‚Prozeß' und ‚Schloß') usw. — sind also keine willkürliche oder phantastische Konstruktion Kafkas, sondern sind unsere Wirklichkeit selbst. Im Grunde sind sie eine einzige Welt, eben die menschliche. Die Scheidungen sind nur scheinbarer Art, erzeugt durch die jeweiligen Grenzen des ‚Wissens'. Das Universelle ist keine ‚göttliche' Instanz, auch keine überempirische, ‚intelligible' oder ideale oder absolute Sphäre mehr im Sinne des klassischen Zeitalters. Es ist der Inbegriff alles dessen, was von Menschen gelebt, gefühlt, gedacht, vorgestellt und getan wird, so wie die Gerichts- und Schloßbehörden in Kafkas Romanen in unaufhörlicher Bewegung alles notieren und protokollieren, was überhaupt von Menschen gelebt wird ... Die Schloßbeamten reichen so wenig an göttliche Wesen heran wie der Held K. oder die Bewohner des Dorfes. In ihnen wird nur schrankenlos, ja hemmungslos all das sichtbar, was sonst durch das normale Alltagsbewußtsein verdeckt bleibt. Ihre ‚amtliche' Existenz unterscheidet sich nur dadurch von der ‚privaten' Existenz K.s oder der Dorfbewohner, daß sie die allgemeinen, überindividuellen Daseinsgesetze repräsentiert, die den privaten Personen nie voll zum Bewußtsein kommen, aber durchaus in ihnen selber wirken." (Wilhelm Emrich, Franz Kafka. Frankfurt a.M., Bonn: Athenäum [7]1970, S. 40.)

„Jedem Bibelleser ist der altsemitische Mythos vom descensus angelorum* bekannt, der in Gen. 6, 1-4 in Fragmentform aufbewahrt ist. Danach sind Engel vom Himmel herabgestiegen und haben Unsittliches von den Töchtern der Menschen begehrt. Aus ihrer Kopulierung seien die Giganten entstanden ... Und dieses Motiv: *Der Himmel fordert Unmoral* ist auch in den mythischen Denkgehalt der Dichtung Franz Kafkas eingegangen.

Im Schloßroman spielt eine Zwischeninstanz zwischen Schloß (Himmel) und Dorf (Menschenwelt) die ausschlaggebende Rolle. Es sind die *Beamten* des Schlosses — eine Art hoher Engelwesen, vielleicht auch mittlerische Hypostasen** des unverkennbar bleibenden Absoluten ... Jedenfalls repräsentieren diese Beamten diejenige Seite des Absoluten, die den menschlichen Sinnen überhaupt zugänglich ist. Ein solcher Beamter nun — namens Sortini — stellt an das Mädchen Amalia aus der Barnabasfamilie brieflich ein schmutziges Ansinnen, zu ihm zum Coitus in den ‚Herrenhof‘ zu kommen ... Amalias Weigerung, diesem Ruf des Beamten zu folgen, und ihre Spontanreaktion, den Brief zu zerreißen und die Fetzen dem am Fenster wartenden Boten ins Gesicht zu werfen, hat entsetzliche Folgen. Sie beschwört einen furchtbaren Fluch auf die Barnabasfamilie herab, die nunmehr von allen Dorfbewohnern ausgestoßen und als aussätzig behandelt zu einer unglückseligen Pariafamilie*** wird. Denn die sich dem Beamten verweigernde Amalia hat gegen das Gesetz ihrer Art verstoßen. Dem dorffremden K., dem zugereisten Landvermesser, erscheint dies alles unbegreiflich, weil er eben das Gesetz der Art kennt, die Ordnung nicht durchschaut, unter der diese Schloßgemeinde steht. Aber die Schwester Olga klärt ihn auf:

---

*   Abstieg der Engel.
**   Personifizierung göttlicher Eigenschaften oder religiöser Vorstellungen zu einem eigenständigen göttlichen Wesen.
***   Eine Familie von Ausgestoßenen, Entrechteten.

‚Amalia hat Sortini nicht geliebt, wendest du ein. Nun ja, sie hat ihn nicht geliebt, aber vielleicht hat sie ihn doch geliebt, wer kann das entscheiden? Nicht einmal sie selbst. Wie kann sie glauben, ihn nicht geliebt zu haben, wenn sie ihn so kräftig abgewiesen hat, wie wahrscheinlich noch niemals ein Beamter abgewiesen worden ist? Barnabas sagt, daß sie noch jetzt manchmal zittert vor der Bewegung, mit der sie vor drei Jahren das Fenster zugeschlagen hat. Das ist auch wahr und deshalb darf man sie nicht fragen; sie hat mit Sortini abgeschlossen und weiß nichts mehr als das; ob sie ihn liebt oder nicht, weiß sie nicht. *Wir aber wissen, daß Frauen nicht anders können als Beamte lieben, wenn sich diese ihnen einmal zuwenden* (vom Verfasser hervorgehoben (H.J.S.)); ja, sie lieben die Beamten schon vorher, so sehr sie es leugnen wollen.'

Es ist eins jener Engelwesen aus Genesis 6, das zu dem Dorfmädchen Amalia herabgestiegen ist. Sein unsittlicher Antrag hätte befolgt werden *müssen*, denn der Himmel bleibt der Himmel, und wenn er Unmoralisches verlangt ... — Ich glaube nicht, daß Kafka solche Reflexionen angestellt oder auch nur den descensus angelorum von Gen. 6, 1-4 im Sinn gehabt hat." (Hans Joachim Schoeps, Theologische Motive in der Dichtung Franz Kafkas. In: Die Neue Rundschau. Frankfurt a. M. 62, 1951, S. 21-37; hier S. 29-30.)

5. Wertungen

„Kafka wollte, soweit sich das erkennen läßt, den Kampf eines Menschen um ein in sich geschlossenes Leben in der modernen bürgerlichen Gesellschaft zeigen. Das ist ihm nicht gelungen. Der Wirklichkeitsbezug und das Anliegen des Entwurfs werden zwar im Rahmen einer Analyse von Kafkas Gesamtwerk verständlich, doch die vorliegenden zwanzig Kapitel für sich allein sagen nichts aus: Sie erschöpfen sich in der Beschreibung elender Zustände, deren reale Bedingungen nicht erkennbar werden ... So entsteht eine Kunst ohne den Menschen, die sich selbst aufheben muß, so stark sie auch durch die ihr innewohnende Verzweiflung den Leser im

Moment der unmittelbaren Aneignung beeindrucken kann. Interpretation und Analyse des Werkes werden das Beklemmende und in seiner Art großartig Dokumentarische erklären können ...; sie müssen aber gleichzeitig feststellen, daß diese Situation, in so einseitiger Sicht nur noch Dokument, keine Kunst mehr hervorbringen kann." (Helmut Richter, Franz Kafka. Werk und Entwurf. Berlin: Rütten & Loening 1962, S. 271.)

„Seit Jahrzehnten ist Kafka den unterschiedlichsten Deutungen ausgesetzt, die seinem Werk unvertilgbare Spuren eingeprägt haben: Wer über gewisse Erzählungen und Romane des Dichters zu sprechen anfängt, denkt zwangsläufig an die Meinungen, die über sie im Umlauf sind. An eindeutigen Erzählfakten lassen sie sich nicht überprüfen. Kafka zieht fast jede Angabe in Zweifel, stiftet Widersprüche, verdunkelt Feststellungen. Die Grundrisse der Erzählung, die er verwirrt hat, muß der Interpret in einem unabschließbaren Prozeß neu rekonstruieren: So erlischt der gewohnte statische Dualismus zwischen Autor und Leser, produktivem und rezeptivem Tun. Wer einen Kafkaschen Text dechiffrieren und seine ‚Lücken' auffüllen möchte, muß seine eigenen Interessen aktiv ins Spiel bringen ... Daß die Leser des Romans das ‚System von Abhängigkeiten' demaskieren lernen, um an seinem Untergang mitzuwirken, könnte eine der zaghaften Hoffnungen des Erzählers gewesen sein." (Gert Sautermeister, Das Schloß. In: Kindlers Literatur Lexikon im dtv. Band 19. München: Deutscher Taschenbuch Verlag 1974, S. 8502 und 8505.)

„Seine (Kafkas) Manuskripte sollten verbrannt werden. Man hat bisher vor allem erörtert, ob es richtig war, den Gehorsam zu verweigern und die Manuskripte herauszugeben. Das sollte wohl ernsthaft nicht mehr umstritten werden. Dann ging die Erörterung darum, Ernsthaftigkeit oder seelische Ambivalenz der Anordnung des sterbenden Dichters zu analysieren. Nur eines wurde bisher nicht genau untersucht: die künstlerische Entscheidung, die in dieser letztwilligen Anordnung gefunden werden muß. Sie ist um so evidenter, als Kafka eine klare Selektion vorgenommen hatte: die Romanentwürfe, viele Erzählungen und Aphorismen sollten vernichtet werden; gleichzeitig wurden die Texte des Bandes ‚Ein Hungerkünstler' mit ‚Josefine, die Sängerin' als Krönung in Druck

gegeben und bis zuletzt in den Druckfahnen korrigiert. Dies deutet auf einen künstlerischen Sonderungsprozeß. Kafka verwarf einen großen Teil seines Werkes, bekannte sich jedoch zur kleinen Zahl der zu Lebzeiten publizierten oder für den Druck vorbereiteten Texte... Manche Prosaarbeiten Kafkas, die er vernichtet sehen wollte, wirken, genau betrachtet, als Ansätze zur Behandlung von Themen, die an anderer Stelles des Werkes, in einer von Kafka für gültig gehaltenen Fassung, zur Form gebracht werden konnten, so daß die mißglückten Ansätze für den Dichter dadurch unerheblich sein durften. An anderen Stellen — dies gilt vermutlich für die drei großen unvollendeten Romane — muß die letztwillige Anordnung des Dichters möglicherweise als Absage an Thematik wie Bewältigung verstanden werden. Mit Harmonisierung oder einem bequemen Entschluß Kafkas zum Optimismus hat das gar nichts zu tun."
(Hans Mayer, Kafka und kein Ende? In: H. Mayer, Ansichten. Zur Literatur der Zeit. Reinbek: Rowohlt 1962, S. 64-65.)

KONTROVERSE KAFKA-INTERPRETATIONEN

„Man bezeichnet Kafkas Stil als Surrealismus (französisch *sur* = über), um damit auszudrücken, daß seine Darstellung immer den Bereich des Realen überschreitet. Eine Zeitlang wurde, namentlich unter dem Einfluß von Kafkas Werk, der Surrealismus eine Modeströmung in der Literatur. Trotz solcher Unwirklichkeit in seinen Erzählungen wird man bei näherer Betrachtung entdecken, daß der Dichter in seinen Motiven doch das Allgemein-Menschliche ausgedrückt hat, etwas von dem tragisch-unerbittlichen und scheinbar sinnlosen Schicksal, das sich im Leben aller Menschen finden läßt." (Heinz Stolte, Kleines Lehrbuch der deutschen Literaturgeschichte. Hamburg: Verlag Handwerk und Technik [8]1972, S. 122.)

*

„Die Vieldeutigkeit seiner Parabeln verschließt sich definitiver rationalistischer Deutung und läßt je nach philosophisch-weltanschaulichem Standpunkt des Betrachters der existentialistischen Auslegung ebenso Spielraum wie der metaphysischen Interpretation als mystischem Gottsuchertum oder Auseinandersetzung mit jüdischer religiöser Überlieferung." (Gero von Wilpert, Deutsches Dichterlexikon. Stuttgart: Alfred Kröner [2]1976, S. 362.)

*

„Kafka beschrieb mit seltener Intensität den Prozeß der Entfremdung* im Kapitalismus, in die er den Menschen schicksalhaft geworfen sah, als unaufhaltsbar (...) In der Stellung zum Problem der Entfremdung spiegelt sich auch der prinzipielle Unterschied zwischen bürgerlicher und marxistischer K.-Rezeption. ‚Im Gegensatz zu K.s Zeit und Gesellschaft wird die unsere durch den Prozeß der Aufhebung der Entfremdung charakterisiert. Dadurch

---

* Die durch die materielle und geistige Tätigkeit der Menschen hervorgebrachten Produkte, Verhältnisse und Institutionen treten den Menschen als fremde, sie beherrschende Mächte gegenüber.

sind neue Voraussetzungen für die Literatur gegeben. Gewiß, K.s Werk ist in jeder Hinsicht einmalig, unwiederholbar. Aber die marxistische K.-Forschung wird nur dann ihrer Aufgabe gerecht werden, wenn sie das Werk dieses großen Dichters von der unterschiedlichen Position aus betrachtet, die die Literatur in der sozialistischen Gesellschaft eingenommen hat. Von hier aus wird es auch möglich, Liebe und Zuneigung zu F. K.s unsterblichem Werk mit der Tatsache zu verbinden, daß in seiner Dichtung kein Vorbild für unsere Bemühungen zu suchen ist' (Werner Mittenzwei)." (Günter Albrecht, Kurt Böttcher, Herbert Greiner-Mai, Paul Günter Krohn, Lexikon deutschsprachiger Schriftsteller von den Anfängen bis zur Gegenwart. Band 1. Leipzig: VEB Bibliographisches Institut [2]1972, S. 435-436.)

*

„Im ,Heizer'-Kapitel hat Kafka komprimiert die Struktur seiner Romane entfaltet: Die unaufhebbare Antinomie* zwischen ,privater' und ,amtlicher' Existenz, die Unmöglichkeit, private Existenz in einer Gesellschaft zu realisieren, die ausschließlich durchs ,Amt' regiert wird und selbst die Klassengegensätze einebnet auf Grund dieses schematisierenden und reglementierenden Denkens." (Wilhelm Emrich, Franz Kafka. Frankfurt a. M., Bonn: Athenäum [7]1970, S. 235.)

---

* Widerspruch eines Satzes in sich oder zweier Sätze, von denen jeder Gültigkeit beanspruchen kann.

LITERATURHINWEISE

Die Kafka-Literatur hat inzwischen ein nahezu unübersehbares Ausmaß angenommen. Die folgende Auswahlbibliographie nennt deshalb nur einige der wesentlichen und vor allem auch relativ leicht erreichbaren Werke. Für weitergehende Studien sei auf die Bibliographien und Forschungsberichte und auf die bibliographischen Angaben in den genannten Werken verwiesen.

Texte von Kafka

Das Kafka-Buch. Eine innere Biographie in Selbstzeugnissen. Hrsg. von Heinz Politzer. Frankfurt a. M.: Fischer 1965. (Fischer Bücherei, 708.)

Kafka, Franz: Der Dichter über sein Werk. Hrsg. von Erich Heller und Joachim Beug. München: Deutscher Taschenbuch Verlag 1977. (dtv, 6081.)

Kafka, Franz: Tagebücher 1910-1923. Frankfurt a. M.: Fischer 1951. (Fischer Bücherei, 1346.)

Kafka, Franz: Briefe 1902-1924. Frankfurt a. M.: Fischer 1975. (Fischer Bücherei, 1575.)

Kafka, Franz: Brief an den Vater. Frankfurt a. M.: Fischer 1975. (Fischer Bücherei, 1629.)

Kafka, Franz: Briefe an Felice und andere Korrespondenz aus der Verlobungszeit. Frankfurt a. M.: Fischer 1967. (Fischer Bücherei, 1697.)

Kafka, Franz: Briefe an Milena. (Fischer Bücherei, 756.)

Kafka, Franz: Briefe an Ottla und die Familie. Frankfurt a. M.: Fischer 1981. (Fischer Bücherei, 5016.)

Bibliographien

Hemmerle, Rudolf: Franz Kafka. Eine Bibliographie. München:
Robert Lerche 1958.
Järv, Harry: Die Kafka-Literatur. Malmö, Lund 1961.
Flores, Angel: A Kafka Bibliography. 1908-1976. New York: Gordian
Press 1976.

Forschungsberichte

Beicken, Peter U.: Franz Kafka. Eine kritische Einführung in die
Forschung. Frankfurt a.M.: Athenäum 1974. (Fischer Athenäum
Taschenbücher, Literaturwissenschaft, 2014.)
Mayer, Hans: Kafka und kein Ende? (Zur heutigen Lage der Kafka-
Forschung.) In: H. Mayer, Ansichten. Zur Literatur der Zeit. Rein-
bek: Rowohlt 1962, S. 54-70.

Zum Gesamtwerk

Baumer, Franz: Franz Kafka. Berlin: Colloquium Verlag 1960.
Köpfe des XX. Jahrhunderts, 18.)
Beißner, Friedrich: Der Erzähler Franz Kafka. Ein Vortrag. Stuttgart: Kohlhammer [4]1961.
Binder, Hartmut: Kafka-Kommentar zu den Romanen, Rezensionen, Aphorismen und zum Brief an den Vater. München: Winkler
1976.
Brod, Max: Franz Kafka. Eine Biographie. Frankfurt a.M.: Fischer
1963. (Fischer Bücherei, 552.)
Brod, Max: Über Franz Kafka. Frankfurt a.M.: Fischer 1966. (Fischer Bücherei, 735.)
Emrich, Wilhelm: Franz Kafka. Frankfurt a.M., Bonn: Athenäum
[7]1970.

Heintz, Günter (Hrsg.): Zu Franz Kafka. Stuttgart: Klett-Cotta 1979. (LGW, 42.)

Hermsdorf, Klaus: Kafka. Weltbild und Roman. Berlin 1961.

Janouch, Gustav: Franz Kafka und seine Welt. Eine Bildbiographie. Wien, Stuttgart, Zürich: Hans Deutsch 1965.

Janouch, Gustav: Gespräche mit Kafka. Frankfurt a. M.: Fischer 1961. (Fischer Bücherei, 417.)

Politzer, Heinz: Franz Kafka, der Künstler. Frankfurt a. M.: Fischer 1965.

Richter, Helmut: Franz Kafka. Werk und Entwurf. Berlin: Rütten & Loening 1962.

Scholz, Ingeborg: Franz Kafka ‚Der Prozeß‘, ‚Das Schloß‘, ‚Ein Brief an Max Brod‘. Untersuchungen, Interpretationen und didaktische Hinweise. Hollfeld: Beyer 1981. AR 42.

Sokel, Walter H.: Franz Kafka. Tragik und Ironie. München, Wien: Langen/Müller 1964. (Auch: Fischer Bücherei, 1790.)

Urzidil, Johannes: Da geht Kafka. Zürich, Stuttgart: Artemis 1965. (Erweiterte Lizenzausgabe: München: Deutscher Taschenbuch Verlag 1966, dtv, 390.)

Wagenbach, Klaus: Franz Kafka in Selbstzeugnissen und Bilddokumenten. Reinbek: Rowohlt 1964. (Rowohlts Monographien, 91.)

Walser, Martin: Beschreibung einer Form. Versuch über Franz Kafka. München: Hanser [2]1963.

Franz Kafka — Kritik und Rezeption zu seinen Lebzeiten. 1912-1924. Hrsg. von Jürgen Born unter Mitwirkungen von Herbert Mühlfeit und Friedemann Spicker. Frankfurt a. M.: Fischer 1979.

Zu „Amerika"

Hillmann, Heinz: Kafkas „Amerika". Literatur als Problemlösungsspiel. In: Manfred Braunek (Hrsg.): Der deutsche Roman im 20. Jahrhundert. Band I. Bamberg: Buchner 1976, S. 135-158.

Jacobi, Walter: Kafkas Roman „Amerika" im Unterricht. Eine Untersuchung seiner Motive und Symbole und deren Bedeutung für Kafkas Gesamtwerk. In: Der Deutschunterricht. Stuttgart. 14, 1962, 1, S. 63-78.

Jahn, Wolfgang: Kafkas Handschrift zum „Verschollenen" („Amerika"). Ein vorläufiger Textbericht. In: Jahrbuch der Deutschen Schillergesellschaft. 9. Jahrgang 1965. Stuttgart: Kröner 1965, S. 541-552.

Jahn, Wolfgang: Kafkas Roman „Der Verschollene" („Amerika"). Stuttgart: Metzler 1965. (Germanistische Abhandlungen, 11.)

Thalmann, Jörg: Wege zu Kafka. Eine Interpretation des Amerikaromans. Frauenfeld, Stuttgart: Huber 1966.

Wirkner, Alfred: Kafka und die Außenwelt. Quellenstudien zum ‚Amerika'-Fragment. Stuttgart: Klett-Cotta 1976. (LGW, 21.)

Zu „Der Prozeß"

Allemann, Beda: Kafka. „Der Prozeß". In: Der deutsche Roman. Hrsg. von Benno von Wiese. Band II. Düsseldorf: Bagel 1963, S. 234-290.

Emrich, Wilhelm: Die Bilderwelt Franz Kafkas. In: W. Emrich, Protest und Verheißung. Frankfurt a.M., Bonn: Athenäum 1960, S. 249-263.

Kaiser, Gerhard: Franz Kafkas „Prozeß". Versuch einer Interpretation. In: Euphorion. Heidelberg. 52, 1958, 1, S. 23-49.

Zu „Das Schloß"

Fietz, Lothar: Möglichkeiten und Grenzen einer Deutung von Kafkas „Schloß"-Roman. In: Deutsche Vierteljahrsschrift für Literaturwissenschaft und Geistesgeschichte. Stuttgart. 37, 1963, 1, S. 71 ff.

Martini, Fritz: Franz Kafka: „Das Schloß", Text und Interpretation. In: F. Martini, Das Wagnis der Sprache. Interpretationen deutscher Prosa von Nietzsche bis Benn. Stuttgart: Klett 1954. S. 287 ff.

Pongs, Hermann: Franz Kafka: „Das Schloß". In: H. Pongs, Das Bild in der Dichtung. Band 3. Marburg: Elwertsche Verlagsbuchhandlung 1969. S. 435 ff.

Swander, Homer: Zu Kafkas „Schloß". In: Interpretationen. 3. Deutsche Romane von Grimmelshausen bis Musil. Hrsg. von Jost Schillemeit. Frankfurt a.M.: Fischer Taschenbuch Verlag 1966. S. 269-289. (Fischer Bücherei, 6022.) (Deutsche Fassung von: K.s Village. In: Kafka Today. Ed. by A. Flores and H. Swander. Madison, Wisc. 1962. S. 173-192.)

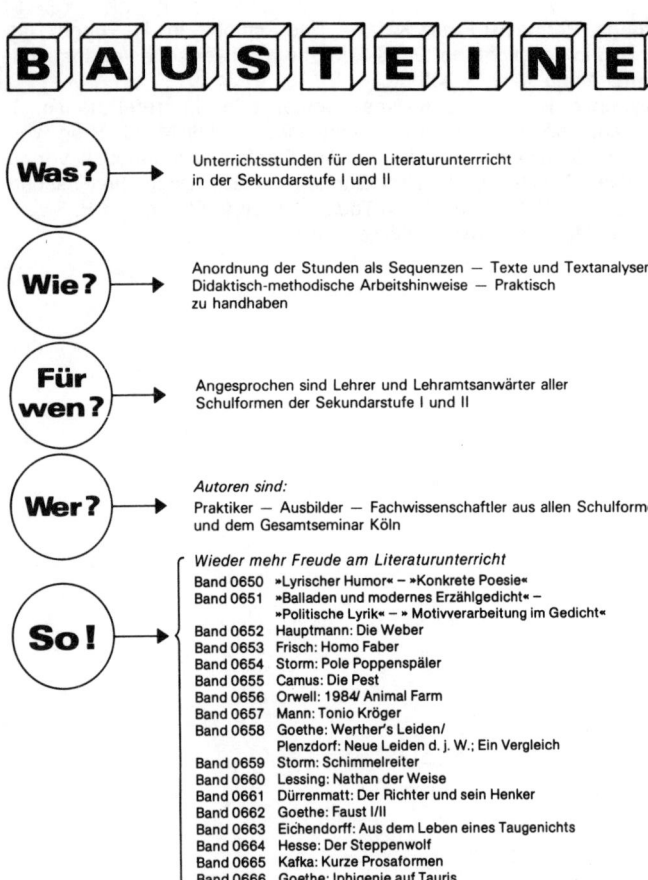

BAUSTEINE

Was? → Unterrichtsstunden für den Literaturunterrricht in der Sekundarstufe I und II

Wie? → Anordnung der Stunden als Sequenzen — Texte und Textanalysen Didaktisch-methodische Arbeitshinweise — Praktisch zu handhaben

Für wen? → Angesprochen sind Lehrer und Lehramtsanwärter aller Schulformen der Sekundarstufe I und II

Wer? → *Autoren sind:*
Praktiker — Ausbilder — Fachwissenschaftler aus allen Schulformen und dem Gesamtseminar Köln

So! → *Wieder mehr Freude am Literaturunterricht*
Band 0650 »Lyrischer Humor« — »Konkrete Poesie«
Band 0651 »Balladen und modernes Erzählgedicht« — »Politische Lyrik« — » Motivverarbeitung im Gedicht«
Band 0652 Hauptmann: Die Weber
Band 0653 Frisch: Homo Faber
Band 0654 Storm: Pole Poppenspäler
Band 0655 Camus: Die Pest
Band 0656 Orwell: 1984/ Animal Farm
Band 0657 Mann: Tonio Kröger
Band 0658 Goethe: Werther's Leiden/ Plenzdorf: Neue Leiden d. j. W.; Ein Vergleich
Band 0659 Storm: Schimmelreiter
Band 0660 Lessing: Nathan der Weise
Band 0661 Dürrenmatt: Der Richter und sein Henker
Band 0662 Goethe: Faust I/II
Band 0663 Eichendorff: Aus dem Leben eines Taugenichts
Band 0664 Hesse: Der Steppenwolf
Band 0665 Kafka: Kurze Prosaformen
Band 0666 Goethe: Iphigenie auf Tauris
Band 0667 Brecht: Leben des Galilei

C. Bange Verlag Tel. 09274//372 8607 Hollfeld

Bange
Lernhilfen

in Ihrer Buchhandlung vorrätig

Chemie

Deutsch

Englisch

Französisch

Geschichte

Latein

Mathematik

Philosophie

Physik

Gesamtverzeichnis

CHEMIE

Th. Bokorny

Chemie-Gerüst

Wegweiser und Ratgeber für Schüler und Abiturienten. 13., überarb. Auflage

128 Seiten · **Bestell-Nr. 0674–2**

Dieses kurze in Tabellenform abgefaßte Vademecum der Chemie soll kein Lehrbuch oder Lexikon sein, sondern die großen Linien und wissenswerten Teile der modernen Chemie übersichtlich klar und einprägsam veranschaulichen und in Erinnerung bringen.

DEUTSCH

Christian Floto

Basisinterpretationen für den Literatur- und Deutschunterricht I

– Ausgewählte Stücke und Prosa von Shakespeare bis Ionesco –

96 Seiten · 2. Auflage · **Bestell-Nr. 0589–4**

Nach einer kurzen Skizzierung der Literaturepoche werden anhand häufig gelesener Stücke Basisinterpretationen gegeben. Alle Beispiele entstanden im Unterricht der Sekundarstufen.
Folgende Stücke werden u. a. behandelt:
Shakespeare, Hamlet – Lessing, Nathan – Schiller, Wallenstein – Goethe, Iphigenie – Kleist, Marquise von O/Die Verlobung . . . – Fontane, Effi Briest – Dostojewski, Der Spieler – Hauptmann, Rose Bernd – Mann, Tonio Kröger – Döblin, Berlin Alexanderplatz – Kafka, Der Prozeß – Brecht, Sezuan – Kipphardt, Oppenheimer – Frisch, Homo Faber – Frisch, Biedermann u. Br. – Ionesco, Die Stühle.

Christian Floto

Basisinterpretationen für den Literatur- und Deutschunterricht II

– Ausgewählte Stücke und Prosa „moderner" Autoren in der ersten Hälfte des 19. Jahrhunderts. –

108 Seiten · **Bestell-Nr. 0593-2**

Literaturgeschichtlicher Abriß, Biographische Stationen, Aufbauprinzipien von Novelle und Drama; problemorientierte Bezüge zur modernen sozialpsychologischen Lebenssituation. Folgende Stücke werden u. a. behandelt:
Büchner, Woyzeck – Grabbe, Scherz, Satire, Ironie . . .; Kleist, Der zerbrochene Krug/Prinz von Homburg/Michael Kohlhaas/Erdbeben in Chili.

Bernd Matzkowski

Basisinterpretationen für den Literatur- und Deutschunterricht III

Untersuchungen und didaktische Hinweise zum Volksbuch Till Eulenspiegel.

Hinweise auf den Schelmenroman.

80 Seiten, kart. · **Bestell-Nr. 0598–3**

Sachanalyse – Ausgewählte Historien – Motivverbindungen zu Schelmenromanen des 16. und 17. Jahrhunderts – Vorschläge für die Behandlung im Unterricht u. a.

Bernd Matzkowski/Ernst Sott

Basisinterpretationen für den Literatur- und Deutschunterricht IV

36 moderne deutsche Kurzgeschichten mit Arbeitsfragen.

112 Seiten, kart. · **Bestell-Nr. 0599–1**

Interpretation der Kurzgeschichten **mit Arbeitsfragen** zu
ARBEITSTEXTE FÜR DEN UNTERRICHT (Reclam)
Deutsche Kurzgeschichten 11.–13. Schuljahr
und Pratz/Thiel:
NEUE DEUTSCHE KURZGESCHICHTEN
(Diesterweg)

Karin Cohrs/Martin H. Ludwig

Basisinterpretationen für den Literatur- und Deutschunterricht V

Romane und Novellen des 19. Jahrhunderts

120 Seiten, kart. · **Bestell-Nr. 0631–9**

Aus dem Inhalt:
Einleitung, Politik und Kultur des 19. Jahrhunderts – Interpretationen ausgewählter Romane und Novellen.

Kurzbiographie des Dichters – Entstehung des Werkes – Inhalt – Charaktere – Situationen – Erschließung des Textes (stilistische Besonderheiten, literaturhistorischer Rahmen, gesellschaftliche und politische Bezüge usw.), Arbeitsfragen.
Hoffmann, Das Fräulein von Scuderi – Kleist, Das Erdbeben in Chili – Mörike, Maler Nolten – Gotthelf, Wie Uli der Knecht glücklich wird – Storm, Immensee – Droste-Hülshoff, Die Judenbuche – Raabe, Die Akten des Vogelsangs – Fontane, Der Stechlin – Eichendorff, Aus dem Leben eines Taugenichts – Keller, Die drei gerechten Kammacher – Storm, Hans und Heinz Kirch – Raabe, Die schwarze Galeere – Fontane, Schach von Wuthenow – Hauptmann, Bahnwärter Thiel.

Rüdiger Giese/Christian Floto

Basisinterpretationen für den Literatur- und Deutschunterricht VI

Romane und Novellen aus dem 20. Jahrhundert

112 Seiten, Kart. · **Bestell-Nr. 0473**

Schnitzler, Leutnant Gustl – Mann, Tod in Venedig – Kafka, Die Verwandlung – Hesse, Der Steppenwolf – Kästner, Fabian – Mann, Mephisto – Zweig, Schachnovelle – Böll, Haus ohne Hüter – Wolf, Der geteilte Himmel – Kempowski, Tadellöser und Wolff

Bausteine – Deutsch

stellt detaillierte Unterrichtsstunden zur Behandlung unterschiedlichster Texte für die Sekundarstufen I und II vor.

Anordnung der Stunden als Sequenzen – Texte und Textanalysen – Didaktisch-methodische Arbeitshinweise – praktisch zu handhaben.

Angesprochen sind Lehrer und Lehramtsanwärter aller Schulformen.

Autoren sind: Praktiker – Ausbilder – Fachwissenschaftler aus allen Schulformen.

Bausteine Lyrik I

Spiel mit Sprache/Lyrischer Humor/Konkrete Poesie

160 Seiten, kart. · **Bestell-Nr. 0650–5**

Bausteine Lyrik II

Ballade / Modernes Erzählgedicht / Chanson / Politische Lyrik / Thema- und Motivverwandtschaft
164 Seiten, kart. **Bestell-Nr. 0651–3**

Gerhart Hauptmann: Die Weber
Bestell-Nr. 652

Max Frisch: Homo Faber
Bestell-Nr. 653

Theodor Storm: Pole Poppenspäler
Bestell-Nr. 654

Albert Camus: Die Pest
Bestell-Nr. 655

George Orwell: 1984 / Animal Farm
Bestell-Nr. 656

Thomas Mann: Tonio Kröger
Bestell-Nr. 657

Goethe-Plenzdorf: Werther
Bestell-Nr. 658

Storm: Der Schimmelreiter
Bestell-Nr. 659

Lessing: Nathan der Weise
Bestell-Nr. 660

Dürrenmatt: Der Richter und sein Henker
Bestell-Nr. 661

Goethe: Faust I/II
Bestell-Nr. 662

Eichendorff: Taugenichts
Bestell-Nr. 663

Hesse: Der Steppenwolf
Bestell-Nr. 664

Dichtung in Theorie und Praxis

Texte für den Unterricht

Jeder Band ist – wie der Reihentitel bereits aussagt – in die Teile Theorie und Praxis gegliedert; darüber hinaus werden jeweils zahlreiche Texte geboten, die den Gliederungsstellen zugeordnet sind. Ein Teil Arbeitsanweisungen schließt sich an, der entweder Leitfragen für die einzelnen Abschnitte oder übergeordnete oder beides bringt.

Bestell-Nr.

450 Die Lyrik
451 Die Ballade
452 Das Drama
453 Kriminalliteratur
454 Die Novelle
455 Der Roman
456 Kurzprosa (Kurzgeschichte, Kalender-
457 Die Fabel geschichte / Skizze / Anekdote)
458 Der Gebrauchstext
459 Das Hörspiel
460 Trivialliteratur
461 Die Parabel
462 Die politische Rede
463 Deutsche Lustspiele und Komödien

Weitere Bände in Vorbereitung

Egon Ecker

Wie interpretiere ich Novellen und Romane?

Methoden und Beispiele
180 Seiten **Bestell-Nr. 0632–7**

Notizen zur Betrachtung eines dichterischen Textes
– Zur Technik der Interpretation.
Beispiele:
Keller, Drei gerechte Kammacher
Novellen:
Büchner, Lenz – Storm, Schimmelreiter – Andres, Die Vermummten
Romane:
Mann, Königl. Hoheit – Frisch, Homo Faber – Andres, Knabe im Brunnen – Andersch, Sansibar.
Zur Theorie der Novelle – Zur Theorie des Romans – Gliederungsvorschläge – Themenvorschläge – Literaturverzeichnis.

Egon Ecker

Aufsatz mit Grammatik

3./4. Jahrgangsstufe

mit zahlreichen Abbildungen
88 Seiten **Bestell-Nr. 0578–9**
Für die vorbereitenden Übungen auf den Besuch von weiterführenden Schulen soll den Schülern und deren Eltern hier ein Hilfsmittel gegeben werden, welches den neuesten Erfordernissen gerecht wird.
Inhalt: Bericht – Schilderung – Beschreibung – Erzählung – Wortfamilien und Wortfelder – Lösungsvorschläge u. v. a.

Egon Ecker

Rechtschreibung und Diktate

3./4. Jahrgangsstufe

2. Auflage, 112 Seiten **Bestell-Nr. 0579–7**
Als Band für die Vorbereitung des Übertritts in andere Schularten gibt der Autor ein Hilfsmittel zur richtigen Schreibweise und Anwendung der deutschen Sprache.
Inhalt: Groß- und Kleinschreibung – Gleich und ähnlich klingende Laute – Dehnung – Silbentrennung – Sprachlehre – Satzmodelle – Diktatstoffe – Lösungen u. v. a.
Anhand von Texten werden den Lernenden Übungsstoffe und Anweisungen zur richtigen Formulierung und Schreibweise schwieriger Wörter und Wortfamilien gegeben.

Epochen deutscher Literatur

Kurzgefaßte Abhandlungen für den Deutschunterricht an weiterführenden Schulen.
Bestell-Nr. 0480

Die deutsche Romantik I

Frühromantik
Bestell-Nr. 0481

Realismus des 19. u. 20. Jahrhunderts

Bestell-Nr. 0482

Impressionismus und Expressionismus

Bestell-Nr. 0483

Sturm und Drang

Bestell-Nr. 0484

Die deutsche Romantik II

Spätromantik
Bestell-Nr. 0485

Die deutsche Klassik

Gerd Eversberg

Wie verfasse ich ein Referat?

Hinweise für die Informationsbeschaffung und -verarbeitung für den Literaturunterricht.
2. Auflage, 116 Seiten   **Bestell-Nr. 0582–7**
Dieser Band soll den Schülern transparentes Arbeiten lehren. Das Themenbeispiel orientiert sich an der Schulpraxis und wurde auch erfolgreich erprobt.
Inhalt: Bibliographieren – Zitieren – Materialsammlungen – Bibliotheksbenutzung – Entleihen – Fernleihverkehr – Verlagskataloge und Buchhandlung – Manuskriptgestaltung – Referieren – Diskutieren.

Gerd Eversberg

Deutsch – Sekundarstufe II Kollegstufe

Diese neue Reihe bietet Schülern der gymnasialen Oberstufe Arbeitshilfen für die selbständige Erweiterung ihrer Fähigkeiten in den Lernbereichen Umgang mit Texten, mündliche und schriftliche Kommunikation sowie Reflexionen über Sprache.
An die Stelle des traditionellen Aufsatzunterrichts früherer Jahre tritt heute eine Fülle schriftlicher und mündlicher Äußerungen, die auf die Fähigkeit der Schüler zielen, sich erfolgreich in sämtlichen Bereichen der deutschen Sprache auszukennen.
Die vorliegenden Themen orientieren sich an den Anforderungen, die in den Richtlinien der verschiedenen Bundesländer zur Ausbildung im Fach Deutsch formuliert werden.

Textanalyse 1 Umgang mit fiktionalen (literarischen) Texten

152 Seiten   **Bestell-Nr. 0641–6**
Aus dem Inhalt:
I. Der Begriff des fiktionalen Textes: Das „Ästhetische" der Literatur – Betrachtungsweisen von Literatur – Literarische Wertung.
II. Probleme der Interpretation: Der Prozeß des „Verstehens" – Methoden der Literaturinterpretation – Arbeitstechniken (Textwiedergabe / Texterarbeitung / Texterörterung).
III. Beispiele für Interpretationen: Epische Texte – Dramatische Texte – Gedichte.
IV. Massenliteratur.

Textanalyse 2 Umgang mit nichtfiktionalen (Gebrauchs-)Texten

144 Seiten   **Bestell-Nr. 0642–4**
Aus dem Inhalt:
I. Der Textbegriff.
II. Eine Typologie von Gebrauchstexten.
III. Bedingungen der Textanalyse.
IV. Methoden der Textanalyse: Textwiedergabe – Textbeschreibung – Texterörterung.
V. Beispiele für Textanalysen: Darstellende Texte (Sachtexte/Wissenschaftliche Texte) – Werbende Texte (Werbetexte/Politische Reden) – Gesetzestexte.

Gebrauchstextanalysen

– Methoden und Beispiele –
2. Auflage, 80 Seiten   **Bestell-Nr. 0588–6**
Herausgegeben von einem Arbeitskreis der Pädagogischen Akademie Zams.
Aus dem Inhalt:
I. Warum Textuntersuchung? Begriffserklärungen.
II. Textanalyse – Textkritik
Vorgestellt werden nur drei Möglichkeiten einer Analyse:
a) Kommunikationstheoretischer Aspekt
b) stilistischer Aspekt
c) soziologischer Aspekt
III. Gebrauchstexte verschiedener Art, die auf o. a. Aspekte hin untersucht, bzw. kritisiert wurden.
Ordnung der Texte nach Themenkreisen:
Werbetexte – Ferienprospekte – Kinoprogramme – Diverse Jugendzeitschriften (Bravo u. a.) – Illustrierte und Frauenzeitschriften (Frau im Spiegel u. a.) – Schullesebücher – Geschichtsbücher – Tagesberichterstattung: Politische Beiträge/kulturelle Beiträge – Literarische Texte.

Deutsch auf der neugestalteten gymnasialen Oberstufe

Ein erfahrener Praktiker legt mit dieser Buchreihe Unterrichtshilfen für Schüler und Lehrer der Grund- und Leistungskurse vor.

Robert Hippe

Mündliche und schriftliche Kommunikation

2. Aufl., 104 Seiten   **Bestell-Nr. 0563–0**
Sprache – Sprache und Verständigung
Grundbegriffe der Kommunikation – Die drei Dimensionen des Zeichens – Verschiedene Arten von Zeichen – Sprache und Norm
Die Rede – Formen der Rede – Rhetorische Figuren – Analyse vorgegebener Reden – Redeanleitungen, -analysen und -zusammenfassungen – Der Weg zur eigenen Rede – Exkurs 1: Kodierungsebenen – Exkurs 2: Die Sprache der Werbung als appellative Rede
Das Referat – Verfahrensschritte – Beurteilungskriterien – Geeignete Stoffe zur Auswahl
Die Diskussion – Analyse einer vorgegebenen Diskussion – Hinweise auf Vorbereitung, Durchführung und Zielsetzung einer Diskussion – Der Diskussionsbeitrag im sogenannten „Fünfsatz" – Die Debatte – Bericht(erstattung), Kolloquium, Vorlesung
Das Protokoll – Die Arten des Protokolls – Kriterien für die Beurteilung von Stundenprotokollen – Analyse von Protokollen
Die Inhaltsangabe – Merksätze zur Abfassung – Verfahrensschritte – Analyse von Inhaltsangaben – Geeignete Stoffe zur Auswahl
Die Erörterung – Merksätze zur Abfassung – Analyse von Erörterungen – Geeignete Stoffe zur Auswahl.

Robert Hippe

Umgang mit Literatur

2. Auflage, 116 Seiten   **Bestell-Nr. 0564–9**
Definition von Literatur – Grundformen von Literatur – Merkmale der Lyrik – Merkmale der Epik – Merkmale der Dramatik – Formprobleme der Literatur – Aufbauprobleme in der Literatur – Arten der Interpretation – Was ist Interpretation – Literatur und Wirklichkeit u. v. a.

Robert Hippe

Sprach- und Textbetrachtungen

132 Seiten **Bestell-Nr. 0569—X**

Sprachbetrachtung

Historisch – Theorien über die Entstehung der Sprache(n) – Die indogermanische (idg.) Sprachfamilie – Die geschichtliche Entwicklung des Hochdeutschen – Lehn- und Fremdwörter – Sprachrätsel und Sprachspiele – Auswahl-Bibliographie.
Systematisch – Grammatik – Die traditionelle Grammatik – Die generative Transformationsgrammatik – Die strukturelle Grammatik.

Textbetrachtung

Allgemeines – Definition von Text – Textsorten – Beispiele – Übungen – Auflösung der Rätsel.

Robert Hippe

Textanalysen

mit Aufgaben und Übungen
2. Aufl., 120 Seiten **Bestell-Nr. 0586—X**
Einleitung: Über Text, Textbeschreibung und Textanalyse
I. Fiktionale (literarische) Texte
Lyrik
(Barock, Sturm und Drang, Klassik, Romantik, Realismus, Expressionismus, Hofmannsthal und Rilke, Lyrik nach 1945, Motivgleiche Gedichte). Jeweils an Beispielen erklärt.
Epik
(Roman, Novelle, Märchen, Fabel, Kurzgeschichte, Sonderform des Essays)
Dramatik
II. Unterhaltungs- und Trivialliteratur
III. Nicht-fiktionale (nicht literarische) Texte
Werbetexte – Gesetzestexte – Kochrezepte – Redetext (rhetorischer Text)

Robert Hippe

Der deutsche Aufsatz auf der neugestalteten gymnasialen Oberstufe

Anleitungen – Ausarbeitungen – Gliederungen. Hinweise und Themenvorschläge, Methoden und Beispiele.
160 Seiten **Bestell-Nr. 0592—4**
Vom Besinnungs-Problemaufsatz über die Facharbeit zum literarischen Aufsatz beinhaltet der Band Themenkreise wie Textanalysen, Erörterung, Referat, Inhaltsangaben und Hinweise zur Arbeitstechnik. Viele Beispiele aus verschiedenen Themenkreisen runden das Buch ab.
Für Lehrer und Schüler zur Unterrichtsvorbereitung ein nützliches Hilfsmittel.

Robert Hippe

Kurzgefaßte deutsche Grammatik und Zeichensetzung

7. Auflage, 72 Seiten **Bestell-Nr. 0515—0**
Ein Abriß der deutschen Grammatik systematisch und fundamental dargeboten; beginnend mit den Wortarten, Betrachtung der Satzteile und Nebensätze bis zu den Satzzeichen, Beispiele durchsetzen das Ganze, und Lösungen sollen Fehler auffinden helfen. Ein nützliches in Tausenden von Exemplaren bewährtes Übungs- und Nachhilfebuch.

Robert Hippe

Interpretationen zu 62 ausgewählten motivgleichen Gedichten

mit vollständigen Gedichtstexten
5. Auflage, 102 Seiten **Bestell-Nr. 0587—7**
Der Verfasser hat die wiedergegebenen Interpretationen und Auslegungen in langen Gesprächen und Diskussionen mit Oberprimanern erarbeitet. Die hier angebotenen Deutungsversuche erheben keinen Anspruch auf die einzig mögliche oder richtigen, sondern sollen Ausgangspunkte für Weiterentwicklungen und Erarbeitungen sein.
Aus dem Inhalt: Themen wie Frühling – Herbst – Abend und Nacht – Brunnen – Liebe – Tod – Dichtung u. v. a.

Robert Hippe

Interpretationen zu 50 modernen Gedichten

mit vollständigen Gedichtstexten
3. Auflage, 136 Seiten **Bestell-Nr. 0597—5**
Der vorliegende Band verspricht Interpretationshilfe und Deutungsversuche – in unterschiedlicher Dichte und Ausführlichkeit – für 50 moderne Gedichte. Materialien und Auswahlbibliographie geben den Interessenten Hilfen für den Deutsch- und Literaturunterricht. Für den Lehrer eine echte Bereicherung zur Vorbereitung des Unterrichts.
Aus dem Inhalt: Lasker-Schüler – Hesse – Carossa – Benn – Britting – Brecht – Eich – Kaschnitz – Huchel – Kästner – Bachmann – Piontek – Celan – Härtling – Reinig – Grass – Enzensberger u. v. a.

Robert Hippe

Der Oberstufenaufsatz

7. Auflage, 128 Seiten **Bestell-Nr. 0583—5**
Merksätze für das Abfassen von Oberstufen-Aufsätzen.
Der Besinnungs- oder Problemaufsatz, Charakteristik, Stimmungsbild, Facharbeit, Überlegung zur Themenkritik. Dazu jeweils Lösungsschlüssel.
Versuch eines systematischen Aufrisses der Aufsatzarten und Varianten.
Anhand von Schüleraufsätzen werden deren Vorzüge und Schwächen aufgezeigt.

Robert Hippe

Kurzgefaßte deutsche Rechtschreiblehre

64 Seiten **Bestell-Nr. 0545—2**
Im ersten Teil dieses Buches findet man die wichtigsten Regeln der deutschen Rechtschreibung.
Der zweite Teil besteht aus 36 Übungstexten zu diesen Regeln zum Erlernen, Einprägen und Wiederholen. Die Lösungen am Schluß des Bandes dienen zur Kontrolle.

Robert Hippe

Der Unter- und der Mittelstufenaufsatz

6. Auflage, 84 Seiten   **Bestell-Nr. 0519–3**

Anleitungen – Ausarbeitungen – Gliederungen – Themenvorschläge u. v. a.
jeweils mit Lösungsschlüssel

A. Unterstufe
Erlebnisschilderung oder -erzählung
Vorgangsschilderung oder -erzählung
Die Nacherzählung, die Erklärung oder Arbeitsanweisung, Vorgangsbericht oder Beschreibung, Inhaltsangabe

B. Mittelstufe
Die Schilderung, Stimmungsbild, Charakteristik, Bericht und Inhaltsangabe, sachliches Schreiben, Facharbeit, Erörterung u. a.

Interpretationen motivgleicher Gedichte in Themengruppen
mit vollständigen Gedichtstexten

Band 1: Edgar Neis
Der Mond in der deutschen Lyrik

80 Seiten   **Bestell-Nr. 0620–3**

Arp – Bischoff – Borchert – Boretto – Britting – Brokkes – Bürger – Claudius – Däubler – Droste- Hülshoff – Geibel – Gleim – Goethe – Härtling – Heine – Holz – Klopstock – Krähenbühl – Krolow – Lange – Lehmann – Leonhard – Lichtenstein – zur Linde – Maurer – Morgenstern – Rasche – Rühmkorf – v. Stollberg – Trakl – v. d. Vring – Werfel – Wiens.

Band 2: Edgar Neis
Politische-soziale Zeitgedichte

2. Auflage, 112 Seiten   **Bestell-Nr. 0621–1**

Bachmann – Biermann – Brecht – Bürger – Celan – Dehmel – Domin – Enzensberger – Le Fort – Freiligrath – Gryphius – Hädecke – Hagelstange – Heine – Herwegh – Keller – Kerr – Logau – Marti – Platen – Sabias – Salis – Schenkendorf – Schiller – Schreiber – Schubart – Tucholsky – W. v. d. Vogelweide – Weitbrecht – Wildenbruch.

Band 3: Edgar Neis
Der Krieg im deutschen Gedicht

2. Auflage, 112 Seiten   **Bestell-Nr. 0622–X**

Bender – Benn – Biermann – Binding – Brambach – Brecht – Claudius – Dehmel – Eich – Flex – Le Fort – Fried – Gleim – Goethe – Hakel – Heise – Heym – Hölderlin – Höllerer – Huchel – Jahn – Jean Paul – Kaschnitz – Kästner – Körner – Leip – Lersch – Leonhard – Liliencron – Logau – Menzel – Mosen – Mühsam – Münchhausen – Neumann – Nick – W. Paul – Sachs – Schiller – Schnurre – Schumann – Stramm – Toller – Toussel – Trakl – Tumler – Vogel – Wiechert.

Band 4: Robert Hippe
Die Liebe im deutschen Gedicht

2. Auflage, 80 Seiten   **Bestell-Nr. 0623–8**

Benn – Brecht – Eichendorff – George – Gleim – Goethe – Günther – Hesse – Hofmannsthal – Jacobi – Kästner – Krolow – Lasker-Schüler – Lenau – Liliencron – C. F. Meyer – H. v. Mohrungen – Mörike – Münchhausen – Opitz – Reinig – Rilke – Storm – Stramm – W. v. d. Vogelweide – Weickherlin.

Band 5: Robert Hippe
Der Tod im deutschen Gedicht

2. Auflage, 80 Seiten   **Bestell-Nr. 0624–6**

Bächler – Benn – Brecht – Celan – Claudius – Droste-Hülshoff – Eich – Goethe – Gryphius – Hesse – Heym – Hofmannsthal – Hofmannswaldau – Höllerer – Kaltneker – Keller – Klopstock – C. F. Meyer – Mörike – Nick – Nietzsche – Novalis – Rilke – Schiller – Storm – Stramm – Trakl – Uhland.

Band 6: Robert Hippe
Die Jahreszeiten im deutschen Gedicht

2. Auflage, 80 Seiten   **Bestell-Nr. 0625–4**

Benn – Britting – Claudius – George – Gerhardt – Goes – Goethe – Hagedorn – Heine – Hebbel – Hesse – Hofmannsthal – Hölderlin – Hölty – Huchel – Lenau – Logau – C. F. Meyer – Mörike – Rilke – Stadler – Storm – Trakl – Uhland – W. v. d. Vogelweide.

Band 7: Robert Hippe
Deutsche politische Gedichte

2. Auflage, 68 Seiten   **Bestell-Nr. 0626–2**

Baumann – Biermann – Becher – Below – Brecht – Delius – Enzensberger – Fried – Fürnberg – Gomringer – Grass – Heine – Hoffmann v. Fallersleben – Holzapfel – Karsunke – Kunert – Luckhardt – Morawietz – Pottier – Radin – v. Saar – Scherchen – Schneckenburger – U. Schmidt – Schumann – Vesper – Walraff – Weinheber – Wessel – Zimmering.

Band 8: Edgar Neis
Die Welt der Arbeit im deutschen Gedicht

100 Seiten   **Bestell-Nr. 0627–0**

Barthel – Bartock – Billinger – Brambach – Bröger – Chamisso – Dehmel – Dortu – Engelke – Freiligrath – Grisar – Heine – Herwegh – Jünger – Krille – Lersch – Lessen – Naumann – Petzold – Pfau – Piontek – Rilke – Schreiber – Seidel – Weerth – Weinheber – Wieprecht – Winckler – Zech.

Band 9: Edgar Neis
Deutsche Tiergedichte

136 Seiten   **Bestell-Nr. 0628–9**

Barth – Bergengruen – Billinger – Boretto – Brecht – Britting – Busch – Claes – Dauthendey – Dehmel – Domin – Droste-Hülshoff – Eggebrecht – Eich – Freiligrath – Gellert – Gleim – Goethe – Grillparzer – Groth – Härtling – Hagedorn – Haushofer – Hausmann – Hebbel – Heine – Hesse – Huchel – F. G. Jünger – W. Lehmann – Liliencron – A. G. Kästner – Keller – Kolmar – Krolow – C. F. Meyer – Morgenstern – Pfeffel – Piontek – Rilke – Ringelnatz – Eugen Roth – N. Sachs – Schaefer – Trakl – Vring – Weinheber – Wiedner – Zachariae – Zuckmayer.

Band 10: Edgar Neis
Städte und Landschaften
im deutschen Gedicht
168 Seiten **Bestell-Nr. 0629–7**

Teil I: Borchert – Sidow – Guesmer – Rilke – Grass – Le Fort – Karsunke – Aue – Zeller – Loerke – Fontane – Eich – Bleisch – Körner – Hauptmann – Bobrowski – Stadler – Goll – Reinfrank – Kunze – Zech – Becker – Droste-Hülshoff – Busta – Heine – Altenbernd – Wiedner – Stoltze – Kaschnitz – Hannsmann – Schnack – Hölderlin – Barthel – Mörike – Britting – George – Roth.

Teil II: Fontane – Heise – Kalkreuth – Zweig – Rilke – Rheiner – Goll – Salus – Brecht – Bachmann – Lehmann – Wagner – Benn – Schneider – v. Platen – Huchel – Hesse – Krappen – Kaschnitz – Celan – Britting – Kasack – Krauss – Boretto – Schaefer – Bachmann – v. d. Vring.

Interpretationen zeitgenössischer Kurzgeschichten
Edgar Neis

5. Auflage, 80 Seiten **Bestell-Nr. 0600–9**
Band 1: Aichinger, Puppe – Bender, Schafsblut – Bergengruen, Fahrt des Herrn von Ringen – Böll, Ungezählte Geliebte – Britting, Märchen vom dicken Liebhaber – Ernst, Förster und Wilddieb – Le Fort, Turm der Beständigkeit – Hochhuth, Berliner Antigone – Hofmannsthal, Lucidor – Kafka, Ehepaar – Kaschnitz, Das dicke Kind / Schneeschmelze – Kühner, Es gibt doch noch Wunder – Malecha, Probe – Risse, Gottesurteil – O. Schaefer, Frühe Vision – W. Schäfer, Mozarts Begräbnis – Schnabel, Hundert Stunden vor Bangkok / Sie sehen den Marmor nicht.

Robert Hippe

5. Auflage, 80 Seiten **Bestell-Nr. 0601–7**
Band 2: Andres, Trockendock – Benn, Gehirne – Bergengruen, Arzt von Weißenhasel / Legende von den zwei Worten – Böll, Bahnhof von Zimpren / Besenbinder / Erinnerungen eines jungen Königs / So ein Rummel – Brecht, Augsburger Kreidekreis – Döblin, Ermordung einer Butterblume – Dürrenmatt, Tunnel – Eich, Stelzengänger – Franck, Das verstandene Gedicht – Gaiser, Ein Mensch, den ich erlegt habe – Hampel, Das mit dem Mais – Hildesheimer, Eine größere Anschaffung – Kafka, Kübelreiter / Sorge des Hausvaters – Kasack, Mechanischer Doppelgänger – Langgässer, Die getreue Antigone / Untergetaucht – Musil, Portugiesin – Risse, Verkehrsunfall – Schnurre, Ein Fall für Herrn Schmidt.

Karl Brinkmann

4. Auflage, 80 Seiten **Bestell-Nr. 0602–5**
Band 3: Aichinger, Plakat – Alverdes, Die dritte Kerze – Böll, Damals in Odessa / Mann mit den Messern / Lohengrins Tod / Wanderer kommst du nach Spa . . . – Borchert, Die lange, lange Straße lang / Generation ohne Abschied / Lesebuchgeschichten – Eisenreich, Ein Augenblick der Liebe – Gaiser, Brand im Weinberg / Du sollst nicht stehlen – Langgässer, Die zweite Dido / Glück haben – Lenz, Jäger des Spottes – Schnurre, Das Tat – Spang, Seine große Chance – Spervogel, Hechtkönig – Wiechert, Hauptmann v. Kapernaum / Hirtenknabe.

Martin Pfeifer

4. Auflage, 84 Seiten **Bestell-Nr. 0603–3**
Band 4: Aichinger, Hauslehrer / Nichts und das Boot – Bender, Die Wölfe kommen zurück – Böll, Über die Brücke / Es wird etwas geschehen – Brecht, Mantel des Ketzers – Britting, Brudermord im Altwasser – Eich, Züge im Nebel – Ernst, Das zweite Gesicht – Fallada, Lieber Hoppeppoppel – Franck, Taliter – Hesse, Beichtvater / Bettler – Johnson, Jonas zum Beispiel – Kusenberg, Eine ernste Geschichte – Langgässer, Saisonbeginn – Le Fort, Frau des Pilatus – Meckauer, Bergschmiede – Pohl, Yannis letzter Schwur – Rinser, David – Schäfer, Hirtenknabe – Schallück, Der Tod hat Verspätung – v. Scholz, Das Inwendige – Walser, Ein schöner Sieg – Weisenborn, Aussage.

Edgar Neis

3. Auflage, 56 Seiten **Bestell-Nr. 0604–1**
Band 5: Borges, Das geheime Wunder – Calderón, Invasion – Callaghan, ein sauberes Hemd – Campos, Solidarität – Carson, Ein Mädchen aus Barcelona – Hemingway, Die Killer – Huxley, Schminke – Joyce, Eveline – Katajew, Die Messer – Mansfield, Für sechs Pence Erziehung – Manzoni, Die Repräsentiertasse – Olescha, Aldebaran – Saroyan, Vom Onkel des Barbiers, dem von einem Zirkustiger der Kopf abgebissen wurde – Sartre, Die Mauer – Timmmermans, Die Maske.

Karl Brinkmann

3. Auflage, 80 Seiten **Bestell-Nr. 0605–X**
Band 6: Andersch, Sehnsucht nach Sansibar – Böll, Wie in schlechten Romanen / Undines gewaltiger Vater – Gaiser, Das Wespennest / Fünfunddreißig Meter Tüll / Der Motorradunfall – Grass, Der Ritterkreuzträger – Hildesheimer, Nächtliche Anrufe – Holthaus, Geschichten aus der Zachurei / Allgemeines / Wo liegt Zachzarach / Das Wirtshaus Zum Vollautomatischen Bären – Lenz, Masurische Geschichte / Der Leseteufel / So schön war mein Markt / Der große Wildenberg – Kramp, Was der Mensch wert ist – Reding, Die Bulldozer kamen / Während des Films / Jerry lacht in Harlem / Fahrerflucht – Schnurre, Wovon der Mensch lebt – Walser, Die Artikel, die ich vertrete.

Rudolf Kanzler

64 Seiten **Bestell-Nr. 0606–8**
Band 7: Aichinger, Die Silbermünze – Altendorf, Der Knecht Persenning – Andersch, Ein Auftrag für Lord Glouster – Bauer, Hole deinen Bruder an den Tisch – Britting, Der Gang durchs Gewitter – Dörfler, Die Kriegsblinde – Hesse, Das Nachtpfauenauge – Hildesheimer, Der Urlaub – Kaschnitz, Gespenster – Lenz, Die Nacht im Hotel – Th. Mann, Das Eisenbahnunglück – Noack, Die Wand – Ohrtmann, Der Sched ist wieder da – Rinser, Der fremde Knabe – Schallück, Unser Eduard – Wiechert, mein erster Adler.

Edgar Neis

80 Seiten **Bestell-Nr. 0607–6**
Band 8: Andersch, Grausiges Erlebnis – Bachmann, Alles – Bender, In der Gondel / Fondue – Bichsel, Tochter – Bobrowski, Epitaph für Pinnau – Bolliger, Verwundbare Kindheit – Brecht, Wiedersehen – Eisenreich, Der Weg hinaus – Fritz, Schweigen vieler Jahre – Fühmann, Judenauto / Schöpfung – Gaiser, Gazelle grün – Heissenbüttel, Wassermaler – Kasch-

nitz, Das rote Netz – Kunert, Fahrt mit der S-Bahn – Nossack, Das Mal – Reinig, Drei Schiffe – A. Schmidt, Resümee – Walser, Tänzer / Knabe – Wohmann, Ich Sperber / Der Schwan / Knurrhahn-Stil.

Robert Hippe

72 Seiten **Bestell-Nr. 0608–4**

Band 9: Aichinger, Fenster-Theater – Bichsel, Holzwolle – Brecht, Vier Männer und ein Pokerspiel – Frank, Die Monduhr – Fuchs, Gedankenaustausch – Geißler, Kalte Zeiten III – Heckmann, Die Wohltaten des Löffels / Das Henkersmahl – Holthaus, Wahrhaftige Geschichte von der Spazierfahrt – Kaschnitz, Popp und Mingel / Christine – Klose, Am roten Forst – Kunert, Andromeda zur Unzeit – Lenz, Die große Konferenz – Magiera, In den Sand geschrieben – Marti, Neapel sehen – Mechtel, Ein kleiner Trag – Nossack, Helios GmbH – Novak, Schlittenfahren – Weissenborn, Die Stimme des Herrn Gasenzer / Die Sache mit Dad – Wohmann, Denk immer an heut' nachmittag – Weyrauch, Mit dem Kopf durch die Wand – Wohmann, Die Klavierstunde – Zeller, Der Turmbau.

Edgar Neis

80 Seiten **Bestell-Nr. 0609–2**

Band 10: Bernhard, Die Mütze – Bichsel, San Salvador / Ein Tisch – Bobrowski, Lipmanns Leib – Brecht, Das Experiment – Brückner, Lewan / Schwierigkeiten beim Ausfüllen eines Meldezettels / Ein Pferd ist ein Pferd – Dürrenmatt, A's Sturz – Gaiser, Fällung eines Teichs – Hildesheimer, Nachtigall – F. G. Jünger, Urlaub – Kaschnitz, Eisbären – Koeppen, Baseballspieler – Kunert, Zirkuswesen – Musil, Das Fliegenpapier – Novak, Abgefertigt – Reinig, Skorpion – A. Schmidt, Sommermeteor – Weyrauch, Beginn einer Rache.

Wolfgang Kopplin

Kontrapunkte

160 Seiten **Bestell-Nr. 0547–9**

Kontroversinterpretationen zur modernen deutschsprachigen Kurzprosa.

Prosatexte, zwischen 1963 und 1975 entstanden, dienen dem Autor dazu, die dialektische Methode des Pro und Kontra als Interpretationsansatz anzuwenden. Dem Primärtext schließen sich jeweils die Kontroversinterpretationen an. Ein Buch, welches Anregungen zum Verstehen und zur Entschlüsselung von Texten gibt.

Inhalt: Texte von Artmann – Bichsel – Dellin – Gerz – Gregor – Kunert – Reinig – Schnurre u. a. werden in einer Pro- und Kontra-Interpretation vorgestellt.

Albert Lehmann

Erörterungen

Gliederungen und Materialien
Methoden und Beispiele

2. verb. Auflage, 160 Seiten **Bestell-Nr. 0637–8**

Die vorliegende Sammlung von 52 Gliederungen, die durch Erläuterungen – vornehmlich Beispiele – zu den einzelnen Gliederungspunkten erweitert sind, sollen die Wiederholung des Jahresstoffes erleichtern.

Stoffkreisthemen: Natur – Tourismus – Technik – Freizeit – Arbeit/Beruf – Konflikte zwischen den Generationen – Die Stellung der Frau in der Gesellschaft – Entwicklungsländer – Sport – Massenmedien und viele Einzelthemen.

Für Lehrer ein unentbehrliches Nachschlage- und Vorbereitungsbuch.

Birgit Lermen /
Matthias Loewen

Trickfilm als didaktische Aufgabe

Band 1: Sekundarstufe I
232 Seiten – Fotos, kart. **Bestell-Nr. 0618–1**
Band 2: Sekundarstufe II
216 Seiten – Fotos, kart. **Bestell-Nr. 0619–X**

Die Untersuchung über den Trickfilm als didaktische Aufgabe trägt der unterschiedlichen Ausgangslage in den beiden Stufen des Sekundarunterrichts Rechnung durch die Aufteilung in zwei Bände.

Band 1 stellt sich gezielt auf die Bedürfnisse und Erwartungen der Sekundarstufe I ein. Aus der Eigenart des Mediums Trickfilm wird ein Analyse-Instrumentarium entwickelt, dessen Brauchbarkeit an 13 Filmen unterschiedlicher Herkunft erprobt wird. Auf der damit geschaffenen Grundlage wird ein didaktisch-methodisches Konzept erstellt.

Band 2 orientiert sich an den Bedürfnissen der Sekundarstufe II. Eine semiotische Einführung erweitert und vertieft die in Band I erstellte Grundlage. Im Mittelpunkt stehen wieder die Einzelanalysen, deren Zahl des größeren Umfangs wegen auf zwölf reduziert ist.

Wie in Band I soll beides – Analysen und Einführung – als Basis dienen für didaktische Fragestellungen und Entscheidungen.

Die Auswahl der Filme wurde in beiden Bänden bestimmt durch:

a) das Ausleihangebot der Stadt- und Kreisbildstellen in der Bundesrepublik,
b) die ästhetische Qualität,
c) die thematische Relevanz,
d) die didaktische Potenz.

Martin H. Ludwig

Das Referat

Kurze Anleitung zu einer Erarbeitung und Abfassung für Schüler und Studenten.

geh. **Bestell-Nr. 0646–7**

Planen und Sammeln – Bibliographieren – Schreiben und Zitieren – Lesen und Notieren – Auswerten und Gliedern – Der Text – Der Vortrag.

Methoden und Beispiele der Kurzgeschichten-Interpretation

2. Auflage, 64 Seiten **Bestell-Nr. 0585–1**

Herausgegeben und erstellt von einem Arbeitskreis der Pädagog. Akademie Zams.

Methoden: Werkimmanente, existenzialistische, grammatische, stilistische, strukturelle, kommunikative, soziologische, geistesgeschichtliche, historisch/biographisch/symbolistische Methode.

Beispiele: Eisenreich – Cortázar – Dürrenmatt – Brecht – Horvath – Bichsel – Kaschnitz – Lenz – Weißenborn – Rinser – Borchert – Nöstlinger – Wölfel – Langgässer.

An Beispielen ausgewählter Kurzgeschichten werden die einzelnen Methoden der Interpretation demonstriert und erläutert. Information und Nachschlagewerk für den Unterricht in den Sekundarstufen.

Edgar Neis

Das neue große Aufsatzbuch

– Methoden und Beispiele des Aufsatzunterrichts für die Sekundarstufen I und II –
212 Seiten, kart. **Bestell-Nr. 0636–X**

Inhalt:
Zur Technik des Aufsatzschreibens – Stoffsammlung und Disposition – Wie schreibe ich eine Charakteristik? – Wie schreibe ich eine Erörterung? – Der dialektische Besinnungsaufsatz – Themen und Aufsätze zu Problemen unserer Zeit – Aufsätze zur Literatur – Wege der Texterschließung – Interpretationshinweise – Fachbegriffe der Aufsatzlehre (Lexikon der Terminologien) – Vorschläge für Aufsatzthemen – Themenkatalog für das Ende des 20. Jahrhunderts – Literaturnachschub.
Dieses Buch richtet sich an Lehrer und Schüler von Haupt-, Real- und Oberschulen (Gymnasium).
Breit einsetzbar in Grund- und Leistungskursen.

Edgar Neis

Deutsche Diktatstoffe
–Unterstufe–

3. bis 7. Jahrgangsstufe
5. Auflage, 64 Seiten **Bestell-Nr. 0524–X**

– Mittel- und Oberstufe –

8. bis 13. Jahrgangsstufe
4. Auflage, 72 Seiten **Bestell-Nr. 0525–8**

Beide Bände sollen der Einübung und Wiederholung der Rechtschreibung und Zeichensetzung dienen.
Jeder Band gliedert sich in zwei Teile, einen systematischen Teil, der zielbewußter Einübung von Wörtern, deren Schreibung Schwierigkeiten bereitet, dient und einen allgemeinen Teil. Dieser bringt zusammenhängende Diktatstoffe aus dem deutschen Schrifttum. Die Namen der Verfasser bürgen für die Stilhöhe der einzelnen Texte.

Edgar Neis

Interpretationen von 66 Balladen, Erzählgedichten und Moritaten

Analysen und Kommentare
3. Auflage, 176 Seiten **Bestell-Nr. 0590–8**

Balladen des 18., 19. und 20. Jahrhunderts werden in diesem für Lehrer, Studenten und Schüler bestimmten Band ausführlich interpretiert und durch Erklärungen Verständnis für diese Art Dichtung geweckt. Eine unentbehrliche Hilfe für den Deutsch- und Literaturunterricht.

Aus dem Inhalt: Bürger – Herder – Goethe – Schiller – Uhland – Eichendorff – Heine – Droste-Hülshoff – Miegel – Brecht – Huchel – Celan – Chr. Reinig – Kunert u. v. a.

Edgar Neis

Interpretationen motivgleicher Werke der Weltliteratur

2. Auflage, je 144 Seiten

Dramatische, epische und lyrische Gestaltung der bekanntesten Stoffe der Weltliteratur werden mit knappen Inhaltsangaben vorgestellt und miteinander vergleichend interpretiert.

Band 1:
Mythische Gestalten

Bestell-Nr. 0548–7

Alkestis – Antigone – Die Atriden (Elektra / Orest) – Iphigenie – Medea – Phädra

Band 2:
Historische Gestalten

Bestell-Nr. 0549–5

Julius Caesar – Coriolan – Der arme Heinrich – Die Nibelungen – Romeo und Julia – Jeanne d'Arc / Die Jungfrau v. Orleans – Johann Joachim Winckelmann

Edgar Neis

Verbessere Deinen Stil

2. Auflage, 120 Seiten **Bestell-Nr. 0539–8**

Der Autor versucht im vorliegenden Band vom grundlegenden Schema über Wortwahl und Satzgestaltung den Interessierten zu einer guten Ausdrucksform zu führen.
Stil ist erlernbar, deshalb wurden im 2. Teil viele künstlerisch gestaltete, stilvolle Beispiele wiedergegeben.

Edgar Neis

Wie interpretiere ich ein Drama?

Methoden und Beispiele
224 Seiten **Bestell-Nr. 0633–8**

Erstbegegnungen mit dramatischen Formen – Methode des Interpretierens – Wege zur Erschließung und Analyse eines Dramas.

Arbeit am Detail: Titel, Personen, Handlung, Aufbau, Sprache, Realisation, Bühnengestaltung, Regieanweisungen, sozio-kulturelle und historische Einordnung usw.

Modellinterpretationen – Zur Theorie des Dramas – Literaturverzeichnis.

Interessenten: Lehrer und Schüler aller Schulgattungen.

Edgar Neis

Wie interpretiere ich Gedichte und Kurzgeschichten?

12. Auflage, 208 Seiten **Bestell-Nr. 0530–3**

Ein „Grundkurs", die Kunst der Interpretation zu erlernen und zu verstehen. Die tabellarischen Leitlinien führen den Benutzer des Buches zum Verständnis für diese Gattung der Poesie. Anhand von zahlreichen durchgeführten Interpretationen ist dieses Buch ein unentbehrliches Hilfsmittel für Schüler und Lehrer.

Reiner Poppe

Rechtschreibung

Texte und Übungen für die Klassen 5 und 6
196 Seiten   **Bestell-Nr. 0595–9**

Zum Selbstunterricht mit Hinweisen zur Handhabung
sowie didaktischen und methodischen Anleitungen
für Unterrichtende.

Zu ausgewählten Rechtschreibschwierigkeiten wurden **Texte mit vielgestaltigen Übungen** in Einzel-
kapiteln zusammengefaßt. Jede Textgruppe ist mit
einer knappen **Zusammenfassung** des vorausge-
gangenen Lernstoffes sowie **Erprobungsdiktaten** abgeschlossen. Testdiktate beschließen den Übungsteil. Es wurde besonders darauf geachtet, daß der
Lernende Schwierigkeiten bewußt erfährt, **Lösungswege** und **Hilfen eigenständig** formulieren und **systematisch** üben kann.

Klaus Sczyrba

Komm, wir schreiben!

Rechtschreibübungsheft für das 2. und 3. Schuljahr
Format: DIN A4 – 40 farbige Illustrationen
36 Seiten, kart.   **Bestell-Nr. 0614–9**

Freude ist der Motor zum Erfolg. Nach diesem
Grundsatz will der Autor den Kindern durch die lustbetonte, sehr abwechslungsreiche Art dieses Heftes
den Weg zu Rechtschreibsicherung leicht machen.
In frohem Tun werden fast unauffällig fundamentale
Kenntnisse der Rechtschreibung angeeignet, ohne
daß die Kinder dabei den Eindruck des Übens haben.

Klaus Sczyrba

Komm, wir schreiben!

Rechtschreibübungsheft für das 3. und 4. Schuljahr
Format: DIN A4 – 60 farbige Illustrationen
60 Seiten, kart.   **Bestell-Nr. 0616–5**

Alle Übungen für die Kinder des 3. und 4. Schuljahres sind so angelegt, daß sie mit Freude durchge-
führt werden. Sie enthalten kurzweilige Aufgaben,
Reime und Rätsel. Die Richtigkeit der Lösungen kann
leicht selbst überprüft werden.

Üben ist für Kinder oft freudlos und langweilig. Bei
diesem Heft spüren sie aber nicht, daß „nur geübt"
wird. In froher, zielstrebiger Arbeit wird fast unbe-
wußt die Rechtschreibfertigkeit gesteigert.

Klaus Sczyrba

Lebensnahe Diktate

für die Grundschule mit angegliederten Übungsmöglichkeiten für das **2. bis 4. Schuljahr**
152 Seiten   **Bestell-Nr. 0610–6**

Dieses Übungsbuch ist aus der Erfahrung langjähri-
ger Schularbeit entstanden und soll den Kindern vom
2. bis 4. Schuljahr helfen, ihre Rechtschreibleistun-
gen zu verbessern.

Dazu werden 150 Diktate geboten, die in Ausmaß
und Schwierigkeitsgrad dem Alter der Kinder entsprechen.

Zur vertiefenden Behandlung aller Rechtschreibbe-
reiche sind jedem Diktat eine Reihe Übungsmöglichkeiten beigefügt.

Klaus Sczyrba

Neue lebensnahe Diktate

mit zahlreichen Übungsmöglichkeiten für das **2. bis
10. Schuljahr**
312 Seiten   **Bestell-Nr. 0611–4**

Wie in den früheren Ausgaben werden hier wieder über 200 Diktate geboten, die in Ausmaß und Schwierigkeitsgrad dem Alter des Kindes
entsprechen.

Der Wortschatz, der in der Folge der Diktate und
Übungen mit den erforderlichen Wiederholungen
rechtschreibmäßig gesichert werden soll, erweitert
sich allmählich.

Klaus Sczyrba

Lebensnahe Diktate

mit zahlreichen Übungsmöglichkeiten für das **5. bis
7. Schuljahr**, und Anhang mit Lösungen
240 Seiten   **Bestell-Nr. 0613–0**

In diesem Übungsbuch werden 150 Diktate geboten,
die Kindern des 5. bis 7. Schuljahres helfen sollen,
ihre Rechtschreibkenntnisse zu verbessern.

Zur vertiefenden Behandlung aller Rechtschreibbe-
reiche ist jedem Diktat eine Reihe Übungsmöglichkeiten beigefügt, die Hilfen für die Klassenarbeit,
aber auch für die häusliche Beschäftigung einzelner
bieten sollen.

Klaus Sczyrba

Lebensnahe Diktate

125 Diktattexte mit 600 Lösungsmöglichkeiten für
das **8. bis 10. Schuljahr**
210 Seiten + Lösungsteil, kart.   **Bestell-Nr. 0471–5**

Das Buch will mit seinen Diktaten und Übungen zum
richtigen Gebrauch unserer Sprache beitragen. Die
Diktate sind nicht nur nach Rechtschreibschwierigkeiten oder zur Anwendung einer Regel konstruiert,
sondern sind auf die Bedürfnisse von Zeit und Umwelt abgestimmt.

Übungsmöglichkeiten mit Lösungen machen dieses
Buch für häusliches Arbeiten und für den Unter-
richtsgebrauch gleichermaßen unentbehrlich.

Klaus Sczyrba

Lebensnahe Diktate

mit zahlreichen Übungsmöglichkeiten für das **5. bis
10. Schuljahr**
432 Seiten + Lösungsheft   **Bestell-Nr. 0612–2**

Auch dieses Übungsbuch soll den Kindern von 5. bis
10. Schuljahr helfen, ihre Rechtschreibleistung zu
verbessern.

Die hier angebotenen 250 Diktate sind in Ausmaß
und Schwierigkeitsgrad dem Alter entsprechend aus-
gewählt worden. Jedem Diktat ist eine Reihe Übungsmöglichkeiten beigefügt, ebenso wurde der entsprechende Wortschatz eingebracht.

Tabellen der Rechtschreibschwierigkeiten in den einzelnen Schuljahren runden dieses Übungsbuch ab.

Klaus Sczyrba

Lebensnahe Grammatik
für die Grundschule

für das 2. bis 4. Schuljahr
140 Seiten   **Bestell-Nr. 0673–4**

Die alltäglichen Begebenheiten zweier Kinder sind le-
bendige Einstiege in alle Bereiche der Grundschul-

grammatik. In übersichtlicher Weise werden alle notwendigen Kenntnisse zur Beherrschung unserer Sprache kindgemäß vermittelt, die in den angegliederten Übungen angewandt werden können. So ist dieses Büchlein sehr hilfreich für den Unterricht in der Schule und die häusliche Einzelarbeit.

Klaus Sczyrba

Lebensnahe Sprachlehre in der Grundschule

50 Unterrichtsentwürfe für die Einführung aller wesentlichen Gebiete.
112 Seiten, Illustrationen, kart.　**Bestell-Nr. 0615—7**
Neubearbeitete 2. Auflage
Diese Unterrichtsentwürfe haben sich als eine vielbegehrte Hilfe erwiesen und ermöglichen, daß der sonst so trockene Stoff der Sprachlehre lebensnah, auf lustbetonte Weise eingeführt wird.
Jeder Entwurf ist eine Unterrichtseinheit, die sich über einen längeren Zeitraum erstreckt. Sie wird in einem Dreischritt aufgezeigt, der von der Sprachbegegnung über die Sprachuntersuchung zur Sprachanwendung führt. Dabei wurde beachtet, daß die Kinder durch die verschiedensten Impulse verstärkt zu Spontanität und Aktivität angeregt werden.
Knappe stoffliche Vorbemerkungen und ein Freiraum für die eigene Planung umschließen jede Unterrichtseinheit.
Die „Lebensnahe Sprachlehre" ist somit durch die vielen praktischen Anregungen ein wertvolles, echtes Arbeitsbuch für den muttersprachlichen Unterricht in der Grundschule.

Englisch

Peter Luther / Jürgen Meyer

Englische Diktatstoffe
Unter- und Mittelstufe

64 Seiten, kart.　**Bestell-Nr. 0647—5**
Beginnend mit einfachsten Texten und Erklärungen wird hier der Benutzer der Bücher mit der englischen Grammatik, Wortlehre und Rechtschreibung vertraut gemacht. Die Texte geben Hinweise auf die Vorbereitung zur Nacherzählung und sind gestaffelt nach Schwierigkeiten und Themengruppen. Worterklärungen und Übungen zur Selbstkontrolle runden den Band ab.

Jürgen Meyer / Gisela Schulz

Englische Synonyme als Fehlerquellen
Übungssätze mit Lösungen

116 Seiten, kart.　**Bestell-Nr. 0596—7**
Dieses Übungsbuch will helfen, die im Bereich der Synonymie immer wieder auftretenden Fehler zu vermeiden.
Die Aufstellung beruht auf Beobachtungen, die die Verfasser im Unterricht gemacht haben und erhebt keinen Anspruch auf Vollständigkeit. Die Übungssätze wurden so formuliert, daß die wichtigen Bedeutungsnuancen so klar wie möglich hervortraten. Die zur Kontrolle beigefügten Lösungen geben an, ob und wo Fehler gemacht worden sind.

Jürgen Meyer

Deutsch-englische/ englisch-deutsche Übersetzungsübungen

9. bis 13. Klasse
104 Seiten　**Bestell-Nr. 0594—0**
Texte für Fortgeschrittene, die ihre Kenntnisse in Wortanwendung und Grammatik erweitern und überprüfen wollen.
Zu den zeitgemäßen deutschen Texten wurden die Vokabeln und deren Anwendungsmöglichkeiten gegeben und erklärt.
Am Schluß des Bandes die englischen Texte zur Kontrolle.
Breit einsetzbar in den Sekundarstufen, Grund- und Leistungskursen.

Jürgen Meyer

Übungstexte zur englischen Grammatik

9. bis 13. Klasse
96 Seiten, kart.　**Bestell-Nr. 0567—3**
Der Band enthält Übungsmaterial zu aktuellen Fragen, u. a. Sachtexte zu Personen, wissenschaftlichen Entdeckungen und zeitgeschichtlichen Ereignissen, die über das heutige Großbritannien und die USA informieren. Die Texte sind mit ausführlichen Hinweisen zu den Vokabeln sowie Übungen zur Syntax und zum Wortschatz versehen. Diskussionsvorschläge und ein sorgfältig aufbereiteter Schlüssel bieten zusätzliche Unterrichtshilfen. Das Buch ist sowohl für Gruppenarbeit als auch für das Selbststudium gut geeignet.

Edgar Neis

Übungen zur englischen Herübersetzung

108 Seiten　**Bestell-Nr. 0542—8**
Das Übungsbuch richtet sich an den Schüler, der ohne Hilfe eines anderen selbständig die Fertigkeit des Übersetzens aus dem Englischen erlernen will. 38 Texte aus Literatur und Sachschrifttum, jeweils mit Vokabelangaben versehen, kann der Übende ins Deutsche übertragen und anhand des Lösungsteils auf seine Richtigkeit hin überprüfen.
Die Texte eignen sich im Unterrrichtsgebrauch als Übungen zu Nacherzählung und Grammatik.

Edgar Neis

Wie schreibe ich gute englische Nacherzählungen?

6. Auflage, 84 Seiten, kart.　**Bestell-Nr. 0526—6**
Langjährige, im gymnasialen Englischunterricht auf der Mittel- und Oberstufe sowie bei zahlreichen Abiturprüfungen gewonnene Erfahrungen haben zur Herausgabe dieses Buches geführt. Texterfassung und -darstellung, Wortschatzerweiterung, Regeln der Stillehre, Erzählstil, idiomatische Redewendungen, Homophone, unregelmäßige Verben, Comment u. v. a.
Musterbeispiele als Vorlagen für Lernende.

Edgar Neis

Englische Nacherzählungen der siebziger Jahre

72 Seiten, kart. **Bestell-Nr. 0527–4**

Im vorliegenden Band findet der Übende Texte, welche im heutigen Schulunterricht bevorzugt benutzt werden. Diese unterscheiden sich gegenüber früheren Nacherzählungstexten durch gesteigerte Aktualität und Zeitnähe. Als Diktatstoffe für die Mittelstufe einsetzbar.

Reiner Poppe

Englische Nacherzählungen
Unter- und Mittelstufe

96 Seiten, kart. **Bestell-Nr. 0566–5**

Der Band enthält 62 Texte unterschiedlicher Länge und Schwierigkeit. Den Texten zur engl. und amerik. Geschichte sowie zu aktuellen Gegebenheiten sind method. Anleitungen für die mögliche Behandlung vorangestellt. Es ist hier besonders an den Selbst- oder Nachhilfeunterricht gedacht. Besonderer Wert wurde auf die Hinführung zu pragmatischen Rekonstruktion („précis") der Texte gelegt. Vokabelhilfen und Kurzhinweise zu Leben/Werk herausragender, in den Texten vorkommender Persönlichkeiten runden den Band ab. Empfohlen für Orientierungsstufe und Sekundarstufe I.

Französisch

Klaus Bahners

Französischunterricht in der Sekundarstufe II

(Kollegstufe)
Texte – Analysen – Methoden

104 Seiten, kart. **Bestell-Nr. 0565–7**

Dieses Buch wendet sich an alle, die jetzt oder künftig auf der neugestalteten Oberstufe (Sekundarstufe II) Französischunterricht erteilen; vor allem an jüngere Kollegen und Referendare, aber auch an Studenten, die sich auf den Übergang vom wissenschaftlichen Studium zur pädagogischen Umsetzung vorbereiten wollen.
Schließlich gibt „Französischunterricht in der Sekundarstufe II" auch Schülern der reformierten Oberstufe wertvolle Hinweise für den selbständigen Zugang zur Interpretation französischer Texte.

Paul Kämpchen

Französische Texte zur Vorbereitung auf die Reifeprüfung

80 Seiten, kart. **Bestell-Nr. 0522–3**

Übungen für die Grammatik, den Stil und eine der Prüfungsarten – die Nacherzählung – sollen hier dem Anwärter zur Prüfung nahegebracht werden. Kurze und lange Nacherzählungstexte mit Worterklärungen stehen hier als Übungstexte zur Verfügung.
Der Schüler oder Student kann anhand dieser Kurzgeschichten seine sprachliche Beweglichkeit unter Beweis stellen. Kleine und leichte Stücke, die sich nur für Anfänger und wenig Fortgeschrittene eignen, wurden weggelassen.

Alfred Möslein/
Monique Sickermann-Bernard

Textes d'étude

64 Seiten, kart. **Bestell-Nr. 0523–1**

25 erzählende Texte aus der neueren französischen Literatur als Vorlagen für Nacherzählungen und Textaufgaben.
Durch unterschiedliche Längen und Schwierigkeitsgrade sowie durch breitgefächerte Thematik eignen sich diese Texte als Lektüre und Ausgangspunkt für Diskussionen im Unterricht. In den „Suggestions" findet man einige Anregungen für Übungen, die sich an die reine Textbehandlung anschließen können. Die Worterklärungen sollen das Verständnis der Texte erleichtern.

Werner Reinhard

Französische Diktatstoffe
Unter- und Mittelstufe

1./2. Unterrichtsjahr sowie 3./4. Unterrichtsjahr
2. Auflage, 96 Seiten, kart. **Bestell-Nr. 0532–0**

Die nach dem Schwierigkeitsgrad geordneten Texte sind überwiegend Erzählungen und Berichte von Gegebenheiten des täglichen Lebens, wobei unbekannte Vokabeln beigegeben sind. Mit den Texten lernt der Schüler die gehobene Umgangssprache, d. h. Vokabular und Wendungen, die er später für eigene Textproduktionen verwenden kann. Den Texten vorangestellt sind Bemerkungen zur Rechtschreibung, die nützliche Rechtschreibregeln enthalten.

Werner Reinhard

Übungstexte zur französischen Grammatik

9. bis 13. Klasse

128 Seiten, kart. **Bestell-Nr. 0543–6**

„Übungstexte zur französischen Grammatik" wendet sich an Lernende, die bereits einige grammatische Kenntnisse haben, sie jedoch festigen und vertiefen wollen. Es eignet sich aufgrund umfangreicher Vokabelangaben sowie des ausführlichen Lösungsteils zum Selbststudium und vermag bei Schülern ab Klasse 9 Nachhilfeunterricht zu ersetzen.
Die textbezogenen Aufgaben berücksichtigen insgesamt die wichtigsten grammatischen Gebiete, ein Register ermöglicht auch systematisches Vorgehen.

Werner Reinhard

Übungen zur französischen Herübersetzung

96 Seiten, kart. **Bestell-Nr. 0537–1**

40 franz. Texte aus Literatur und Sachschrifttum, jeweils mit Vokabelangaben versehen, kann der Lernende ins Deutsche übertragen und anschließend, anhand des Lösungsteiles, seine Fassungen auf ihre Richtigkeit hin überprüfen. Dem Verfasser kam es bei den deutschen Übersetzungen nicht auf prägnanten Stil an, es ging ihm vielmehr um die inhaltlich richtige und vom Schüler nachvollziehbare Übersetzung. So enthalten die Herübersetzungen jeweils auch Anmerkungen mit wörtlichen Entsprechungen, Varianten und Hinweisen zur Grammatik. Breit einsetzbar in den Sekundarstufen.

Werner Reinhard

Kurze moderne Übungstexte zur französischen Präposition

120 Seiten, kart. **Bestell-Nr. 0568–1**

In einem lexikalischen Teil gibt das Übungsbuch zunächst einen Überblick über die Anwendung der wichtigsten Präpositionen. Auch die Präpositionen als Bindeglied zwischen Verb und Objekt bzw. Infinitiv (vor allem à und de) werden berücksichtigt. Listen erleichtern dabei systematisches Lernen.

Im anschließenden Übungsteil kann der Benutzer seine Kenntnisse überprüfen. Vorherrschende Methode ist die Einsetzübung. Mit dem Lösungsteil eignet sich das Buch gut zum Selbststudium. Einsetzbar für den Unterricht in den Sekundarstufen.

Christine und Gert Sautermeister

Der sichere Weg zur guten französischen Nacherzählung

– Zur Methodik des Hörens und Schreibens im Französischunterricht –

118 Seiten, kart. **Bestell-Nr. 0534–7**

Der erste Teil des Buches will auf die Bedingungen richtigen Hörens aufmerksam machen und Wege zum besseren Hören skizzieren. Der zweite Teil gibt Anregungen, die Grundrisse des Textes, die Gelenkstellen, Höhepunkte, Pointen nochmals zu vergegenwärtigen.

Spezifische Formulierungsprobleme der Nacherzählung entfaltet der dritte Teil.

Gemeinschaftskunde

Peter Beyersdorf

Die Bundesrepublik Deutschland

Arbeitshefte zur Sozial- und Gesellschaftskunde

Band 1:

Strukturen und Institutionen

mit Text des Grundgesetzes

124 Seiten **Bestell-Nr. 0507–X**

Band 2:

Parteien und Verbände

84 Seiten **Bestell-Nr. 0508–8**

Band 3:

Außenpolitische Entwicklung

72 Seiten **Bestell-Nr. 0509–6**

Diese Reihe wurde vor allem für den Bereich der politischen Pädagogik geplant: für Lehrer und Schüler also in erster Linie. Das gilt für Gymnasien und höhere Schulen insgesamt, für Berufsschulen und nicht zuletzt für den großen Bereich der Erwachsenenbildung in den Volkshochschulen.

Jedes Heft enthält neben dem Textteil einen Dokumentenanhang und ein Literaturverzeichnis; darin wird auf spezielle, einzelne Themen vertiefende Bücher hingewiesen.

Mit Hilfe dieser „Arbeitshefte" wird es dem Benutzer möglich, die grundsätzlichen politischen Zusammenhänge unseres Gemeinwesens und die Struktur der internationalen Politik zu erkennen. Dazu werden nicht nur Daten und Fakten angeboten, sondern zugleich auch deren Erklärung und Interpretation. Stand 1970!

Geschichte

Robert Hippe

Geschichts-Gerüst

von den Anfängen bis zur Gegenwart

4 Teile in einem Band

228 Seiten **Bestell-Nr. 0551–7**

Der Primaner, der das „Skelett" dieses „Gerüstes" beherrscht, sollte allen Prüfungsanforderungen gewachsen sein!

Das vorliegende Werk will kein Ersatz für bereits bewährte Bücher ähnlicher Art sein, sondern einem **Auswahlprinzip** huldigen, das **speziell auf Gymnasien, kurz alle weiterführenden Schulen zugeschnitten** ist. Daher erklärt sich die drucktechnische Hervorhebung des besonders Wesentlichen (Fettdruck).

Teil I: Von der Antike bis zum Beginn der Völkerwanderung (ca. 3000 v. Chr. bis 375 n. Chr.)

Teil 2: Von der Völkerwanderung bis zum Ende des Mittelalters (375 –1268)

Teil 3: Vom Übergang zur Neuzeit bis zum Ende des 1. Weltkrieges (1268–1918)

Teil 4: Vom Beginn der Weimarer Republik bis zur Gegenwart (1918–1953)

Latein

Reinhold Anton

Die Stammformen und Bedeutungen der lateinischen unregelmäßigen Verben

Anleitung zur Konjugation von etwa 1 600 einfachen und zusammengesetzten unregelmäßigen Verben.

5. verbesserte Auflage

40 Seiten, kart. **Bestell-Nr. 0500–2**

Oswald Woyte

Latein-Gerüst

Der gesamte Stoff bis zur Sekundarstufe II (Kollegstufe) in übersichtlicher Anordnung und leichtverständlicher Darstellung mit Übungstexten, Übungsaufgaben und Schlüssel.

Teil 1: **Formenlehre**

116 Seiten, kart. **Bestell-Nr. 0552–5**

Teil 2: **Übungsaufgaben und Schlüssel zur Formenlehre**

144 Seiten, kart. **Bestell-Nr. 0553–3**

Teil 3: **Satzlehre**

104 Seiten, kart. **Bestell-Nr. 0554–1**

Teil 4: **Übungsaufgaben und Schlüssel zur Satzlehre**

72 Seiten, kart. **Bestell-Nr. 0555–X**

jeweils 2. Auflage

Die vier Bände ersparen den Lernenden die Nachhilfestunden und bieten ein unentbehrliches Übungs- und Nachschlagewerk bis zur Reifeprüfung.

Der Autor hat aus einer Praxis als Oberstudiendirektor die Schwierigkeiten der lateinischen Sprache für den häuslichen Übungsbereich aufbereitet und leicht faßbar erläutert. Lernanweisungen sollen das Einprägen erleichtern.

Friedrich Nikol

Latein 1

Übungen mit Lösungen für das erste Lateinjahr in zwei Bänden.

Band 1 / Erstes Halbjahr
mit Lösungsteil
kart. **Bestell-Nr. 0634–3**

Band 1 / Zweites Halbjahr
mit Lösungsteil
kart. **Bestell-Nr. 0635–1**

In beiden Teilbänden wird der gesamte Stoff des ersten Lateinjahres behandelt.

Latein 2

(2. Lateinjahr)
kart. **Bestell-Nr. 0638–6**

Der lateinische Wortschatz ist in den Büchern genau angegeben und den verschiedenen lateinischen Unterrichtswerken angepaßt, die in den einzelnen Bundesländern zugelassen und eingeführt sind.
Bei gründlicher häuslicher Nachhilfe mit den Büchern wird der Übende immer mehr Freude an Latein bekommen, und bald wird auch der Erfolg bei den Leistungen in der Schule zeigen.

Suchen Sie wortgetreue Übersetzungen und Präparationen zu Ihren Schullektüren römischer und griechischer Klassiker?
Sie finden in der **Kleinen Übersetzungsbibliothek** in 500 Bänden im Kleinformat wörtliche deutsche Übersetzungen.
Fordern Sie das ausführliche Verzeichnis an.

Mathematik

Bernd Hofmann

Algebra 1

Mathematikhilfe für die 7./8. Jahrgangsstufe weiterführender Schulen
216 Seiten **Bestell-Nr. 0580–0**

Helmut Kürzdörfer

Geometrie 1

Mathematikhilfe für die 7./8. Jahrgangsstufe weiterführender Schulen
232 Seiten **Bestell-Nr. 0581–9**

Diese Bücher sind im wesentlichen auf den Lehrstoff des 7. und 8. Schuljahres abgestimmt.
Sie gliedern sich in Kontroll-, Übungs- und Lösungsteil. Ausgerichtet sind sie als unterrichtsbegleitende Werke auf Schüler und die ihnen hilfreich zur Seite stehenden Eltern.
Nützlich sind sie aber auch wegen des großen und vielseitigen Angebots an Übungsaufgaben (mit vollständigen Lösungswegen) **für Lehrer.** Von ähnlichen Unterrichtshilfen heben sie sich durch die kurze, übersichtliche und verständliche Darstellung sowie durch gute Überprüfbarkeit der Kenntnisse ab. (Besprechung der Bibliothekszentrale, Reutlingen).

Lothar Deutschmann

Mathematik

Wegweiser zur Abschlußprüfung
Mathematik I, II und III an Realschulen
Anhang: Reifeprüfungsaufgaben mit Lösungen 1980/1981/1982/1983
168 Seiten + 121 Abb.
kart. **Bestell-Nr. 0644–0**
Ein erfahrener Pädagoge erteilt Nachhilfeunterricht in Mathematik.

Friedrich Nikol / Lothar Deutschmann

Algebra 2

Mathematikhilfe für die 9./10. Klasse
Übungsaufgaben und Schulaufgaben mit Lösungswegen und Lösungen.
168 Seiten + 46 Abb.
kart. **Bestell-Nr. 0645–9**
Anhand von Klassenarbeiten und Probearbeiten wird versucht, den Schülern Nachhilfe zu erteilen.
Lösungswege und Lösungen erleichtern das Auffinden eigener Fehler.

Ruth Kirchmann

Zielscheibe Mathematik

Wenn Schüler vor Mathematik zurückschrecken, liegt es häufig an den Lücken, die irgendwann entstanden sind und das Verständnis des ganzen folgenden Unterrichtsstoffes blockieren.
In diesen Nachhilfebüchern, die auch zum Nachlernen für zu Hause geeignet sind, finden sich Schüler schnell zurecht.

Bruchrechnen

90 Seiten – viele Abbildungen
+ 8 Seiten Lösungsheft
Bestell-Nr. 0648–3

Dezimalzahlen

78 Seiten – viele Abbildungen
+ 8 Seiten Lösungsheft
Bestell-Nr. 0671–8

Prozentrechnung

100 Seiten – viele Abbildungen
+ 12 Seiten Lösungsheft
Bestell-Nr. 0649–1

Die vier Grundrechenarten

90 Seiten – viele Abbildungen
+ 6 Seiten Lösungsheft
Bestell-Nr. 0672–6

Johannes Lorenz

Mathematik-Gerüst– Unterbau

6. Auflage
84 Seiten, kart. **Bestell-Nr. 0558–4**
Sammlung von Formeln und Sätzen mit zahlreichen Musteraufgaben und vielen Figuren.

Inhalt: Zahlenrechnen – Algebra – Gleichungen – Logarithmen – Geometrie – Stereometrie – Trigonometrie.

Dieser Band richtet sich an den Lernenden, der in kurzer Form seine Kenntnisse wieder auffrischen möchte und anhand von Musteraufgaben Lösungswege rekonstruieren will.

Bis Sekundarstufe I.

Georg Ulrich / Paul Hofmann

Geometrie zum Selbstunterricht

Ein vollständiger Lehrgang der Geometrie zum Selbstunterricht und zur Wiederholung und Nachhilfe. Von der elementaren Geometrie über die Differential- und Integralrechnung bis zur Integralgleichung bieten die Bände den gesamten Stoff der Oberschulen bis zur Sekundarstufe II.

Übungsaufgaben mit Lösungen erleichtern die Verfolgung des Rechenweges und deren Einprägung und Verstehen.

1. Teil:

Planimetrie

172 Seiten, kart.   **Bestell-Nr. 0576–2**

2. Teil:

Trigonometrie

136 Seiten, kart.   **Bestell-Nr. 0540–1**

3. Teil:

Stereometrie

148 Seiten, kart.   **Bestell-Nr. 0577–0**

4. Teil:

Analytische Geometrie

232 Seiten, kart.   **Bestell-Nr. 0536-3**

Philosophie

Robert Hippe

Philosophie-Gerüst

Teil 1

96 Seiten   **Bestell-Nr. 560–6**

Der erste Band des „Philosophie-Gerüsts" will an die Geschichte des abendländischen Philosophie heranführen, dem Leser einen Überblick über die Jahrhunderte philosophischen Denkens geben.

Aus dem Inhalt: Was ist Philosophie? Die griechische Philosophie – Die hellenistisch-römische Philosophie – Die Philosophie des Christentums – Die Philosophie des Mittelalters, im Zeitalter der Renaissance und des Barocks – Die Philosophie von der Aufklärung bis zu Hegel – Die Philosophie der Gegenwart. Anhang – Bibliographie u. a.

Teil 2

80 Seiten   **Bestell-Nr. 561–4**

Im zweiten Band werden die Disziplinen der reinen und angewandten Philosophie behandelt, und dem Benutzer ein Überblick über den gewaltigen Umfang des Bereichs der Philosophie gegeben.

Aus dem Inhalt: **Die Disziplin der reinen Philosophie:** Logik und Dialektik – Psychologie – Erkenntnistheorie – Ontologie und Metaphysik – Ethik – Ästhetik.

Die Disziplinen der angewandten Philosophie: Naturphilosophie und Philosophie der Mathematik – Geschichtsphilosophie – Rechts- und Religionsphilosophie – Philosophische Anthropologie und Existenzphilosophie – Sprachphilosophie.

Philosophie und Weltanschauung

Bibliographischer Anhang u. a.

Physik

Robert Gehr

Einführung in die Atomphysik

Vorbereitungshilfen für das Physik-Abitur an mathematisch-naturwissenschaftlichen Gymnasien.

152 Seiten, kart.   **Bestell-Nr. 0511–8**

Inhalt: Das Atommodell der kinetischen Gastheorie – Die atomistische Struktur der Elektrizität – Energiequanten und Korpuskeln – Atommodelle – Kernphysik – Nachweismethoden für Strahlungen.

Das Ziel des Buches ist, den Physikstoff der Abschlußklassen im Hinblick auf die Reifeprüfung umfassend und gründlich darzustellen, andererseits aber auch – gemäß dem Bildungsauftrag einer höheren Schule – in das (physikalische) Weltbild der Gegenwart einzuführen.

Friedrich Nikol

Physik I

Fragen mit Antworten aus dem Lehrstoff der Sekundarstufe I mit Prüfungsfragen und Lösungen.

100 Seiten   **ISBN 3-8044-0639-4**

Dieses Buch soll eine Lücke füllen auf dem Gebiet der Physikvorbereitung. Häufig auftauchende Fragen aus Mechanik, Wärmelehre, Optik, Magnetismus und Elektrizität im Physikunterricht werden leicht verständlich beantwortet.

Ein Band zur Vorbereitung auf Abschlußprüfungen.

Konrad Lorenz

Physik-Gerüst

neubearbeitet von Lothar Deutschmann

6. erweiterte Auflage

240 Seiten   **Bestell-Nr. 0617–3**

Die Grundlagen der Physik in übersichtlicher und leicht faßlicher Darstellung.

Inhalt: Meßkunde – Allgemeine Eigenschaften der Körper – Mechanik fester Körper – Mechanik der Flüssigkeiten – Mechanik der Gase – Lehre vom Schall – Wärmelehre – Magnetismus – Elektrizität – Geometrische Optik – Wellenoptik u. a.

Verschiedenes

Adolf Busch

Glückwunschbuch

15. Auflage

104 Seiten, illustr.   **Bestell-Nr. 0510–X**

Glückwunschgedichte für alle Gelegenheiten nebst einem Anhang. Gedenk- und Glückwunschgedichte deutscher Dichter.

Geburtstags-, Namenstagswünsche – Weihnachtswünsche – Neujahrswünsche – Hochzeitswünsche –

Gästebuch- und Poesie-Album-Verse – Zum Richt-fest – Gedenk- und Glückwunschgedichte deutscher Dichter.

Ein Beitrag zur Unfallverhütung ist

Heimann/Grau/Link

HOPP + STOPP

Bildermalbuch zur Verkehrserziehung
56 vierfarbige Seiten, Pp.   **Bestell-Nr. 0670–X**
Immer wieder erleben wir Unfälle im Straßenverkehr, an denen Kinder beteiligt sind. Um dem nicht macht-los gegenüberzustehen, entwickelten wir dieses Mal-buch.
HOPP und **STOPP** sind zwei lustige Schweinchen, die sich im Straßenverkehr bewegen. Wie man dort alles richtig macht, zeigt **STOPP**; schnell wird man merken, wie gefährlich es sein kann, wenn man sich wie **HOPP** verhält. Ab 4 Jahre.

Helmut A. Köhler

Verse und Aphorismen für das Gästebuch

104 Seiten, 12 Illustrationen   Bestell-Nr. 0630–0
Inhalt: Vorwort: Gäste, Bücher, Gästebücher . . .
Verse und Aphorismen:
I. Von der Kunst, mit vielen Worten nichts in ein Gä-stebuch einzutragen.
II. Zum Einzug ins eigene Haus oder in die neue Wohnung.
III. Was man in die Gästebücher von Stammlokalen schreibt.
IV. Aus dem Repertoire eines Partybesuchers.
V. Individuelles für das Gästebuch:
Zu Gast bei . . .
VI. Und was man sonst noch in das Gästebuch schreiben kann . . .

— — — — — — — — — — — — — — — — ✂

Bestellschein:

Unterzeichneter bestellt folgende Titel durch die Buchhandlung

. . . . Expl.-Nr.: . . . .

. . . . Expl.-Nr.: . . . .

. . . . Expl.-Nr.: . . . .

. . . . Expl.-Nr.: . . . .

. . . . Expl.-Nr.: . . . .

Name ——————————————————————

Straße u. Nr. ————————————————————

Wohnort ————————————————————————

Datum ———————————— Unterschrift ——————————

C. Bange Verlag Tel. 09274/372 **8607 Hollfeld**